丛书主编/张 润

遇事找法

房屋拆迁、补偿、安置纠纷
一站式法律指引

落志筠 魏德顺 童晓文 / 编著

中国法制出版社
CHINA LEGAL PUBLISHING HOUSE

出版说明

遇到法律纠纷怎么办？这是每个人在生活中必须面对的问题。在我国，人们的社会联系广泛，上下级、亲戚朋友、老战友、老同事、老同学关系比较融洽，逢事喜欢讲个熟门熟道，但如果人情介入了法律和权力领域，就会带来问题，甚至带来严重问题。

《全国人民代表大会常务委员会关于开展第八个五年法治宣传教育的决议》要求"加大普法力度，完善预防性法律制度，推动形成办事依法、遇事找法、解决问题用法、化解矛盾靠法的法治环境。""八五"法治宣传教育的重要目标在于引导群众遇事找法、解决问题靠法，改变社会上那种"遇事找人不找法"的现象。

公正善良之法、有法可依是"遇事找法"的前提和保证。"一切法律中最重要的法律，既不是刻在大理石上，也不是刻在铜表上，而是铭刻在公民的内心里。"法律应当成为人们的信仰，让人们相信法不阿贵，绳不挠曲，让人们相信合理合法的诉求能够得到及时公正的实现。截至2023年10月，我国现行有效的法律共有299件。经过长期努力，中国特色社会主义法律体系已经形成，在社会生活各方面总体上实现了有法可依。

对于普通老百姓而言，在讨说法、打官司、谈条件之前，首先要知道自己遇到的事属于哪一类、法律是如何规定的。为了帮助遇事犯难的人们解决难题，引导人民群众办事依法、遇事找法、解决问题用法、化解矛盾靠法，我们以常见纠纷类型为依托，组织编写了本套遇事找法丛书。

本丛书以最贴近百姓生活的常见法律问题为目录，方便读者以最快捷的方式查找到自己最关心的问题。设置四大板块：遇事、说法、找法、举一反三。

【遇事】板块收录了各类纠纷的生活化小案例，方便读者对号入座，从案例中找到共鸣。

【说法】板块旨在用最简洁的话语告诉读者最可行的纠纷解决办法和最可能的纠纷处理结果。

【找法】板块附上了与"事"对应的相关法律法规、司法解释的规定，方便读者及时查阅。

【举一反三】板块旨在帮助读者通过一个问题类推出同类型纠纷的解决方法。

本丛书的宗旨：让您读得懂、传得开、用得上，遇事不慌不犯难，助您最便捷地解决法律纠纷。

目 录

一、国有土地上房屋征收与补偿

1. 国有土地上房屋征收应给予哪些补偿? 003
2. 乡(镇)政府或者街道办发布征收公告是否合法? 006
3. 房地产公司与我签订房屋征收补偿协议合法吗? 009
4. 开发商可以强制拆除我家房子吗? 012
5. 我家古董在强拆中被损毁了,该找谁赔? 015
6. 我的房子是租的,租期还没到,房子被征收时我能拒绝吗? 019
7. 我租的房子没有在征收中获得补偿,我如何主张权利? 022
8. 被征收房屋存在权属争议时,如何签订补偿协议? 025
9. 我的房子抵押给银行贷款了,遇到征收怎么办? 028
10. 夫妻共有房屋在离婚后遇到房屋征收怎么办? 031
11. 被征收人可以对政府的征收方案申请听证吗? 034
12. 小区居民集体不同意政府的征收决定,应该如何解决? 037
13. 征收部门没有对我家未登记的建筑进行调查和认定,我该如何维护权利? 040
14. 我不知道征收公告而自建房屋,能够获得征收补偿吗? 045
15. 自建房屋,能获得征收补偿吗? 048

16. 经营性用房被征收的，停产停业损失怎么算？ 051
17. 承租人的房子在租期内被征收，承租人可以获得停产停业损失补偿吗？ 054
18. 房屋被征收，房屋的价值如何确定？ 058
19. 我的房屋被征收，我只能选择拿补偿款吗？ 061
20. 我的房屋被法院查封了，我还能签署征收补偿协议并领取补偿款吗？ 064
21. 我的房屋被征收后，房屋所占的土地也一同被征收了吗？ 067
22. 我的房屋被征收，房屋所占用的土地使用权应该如何补偿？ 069
23. 调查房屋权属及现状的时候，我们应该递交哪些证明材料？ 072
24. 被征收人选择产权调换的，要考虑哪些影响房屋价值的因素？ 075
25. 遭遇暴力拆迁的，我们该怎么办？ 078
26. 被征收房屋存在继承情形，如何签署征收补偿协议？ 081
27. 未成年人名下的房屋被拆迁时如何签署征收补偿协议？ 084
28. 征收房屋价值评估时，包含房屋中的家具家电吗？ 087
29. 房屋征收时政府提供的调换房屋离城区特别远，我该怎么办？ 090
30. 我的房屋被征收，导致租房合同违约并给承租人造成了损失，怎么办？ 092
31. 没有签订征收补偿协议，我的房屋会被强制拆除吗？ 096
32. 安置房不足面积的补偿和超出面积的购买价格不一致，合法吗？ 098
33. 因强制拆迁给我造成的损失由谁负责？ 100
34. 我对征收补偿方案有异议且提起了行政诉讼，征收机关还能强制拆除我的房屋吗？ 103
35. 没有达成征收补偿协议前，我可以阻止强制拆迁吗？ 106
36. 我家房屋被征收，由谁来评估房屋价值？ 109
37. 征收人未送达房屋评估报告就作出补偿决定，我该怎么办？ 111
38. 两家评估机构对同一小区房屋价值评估不一致，我该怎么签订补偿协议？ 114
39. 房屋征收过程中，被征收人对评估机构的选定及评估机构的查勘记录有异议，评估报告还能使用吗？ 117
40. 房屋被拆迁时，搬家、租房等费用可以主张吗？ 120
41. 对房地产评估结果有异议，该如何主张权利？ 122

42. 房屋征收中对商铺的补偿有哪些? ……………………………… 125
43. 征收补偿包含哪些内容? …………………………………………… 128
44. 同一个小区的同一户型征收补偿价格一样吗? …………………… 131
45. 房屋被征收期间,被征收人享有哪些权利? …………………… 134
46. 被征收人的住房保障权利是什么? ………………………………… 137
47. 房屋征收决定作出后超过6个月才知道的,能否提起行政诉讼? …… 139
48. 征收中涉及文物应如何处理? …………………………………… 141
49. 政府收回划拨土地使用权是否需要补偿? ………………………… 144
50. 房屋征收时,同住的非所有权人可以签订补偿协议吗? ………… 147
51. 房屋征收面积计算以什么为依据? ……………………………… 150
52. "住宅改商用"的房屋应该怎么补偿? …………………………… 153
53. 评估结论是房屋征收补偿的最终标准吗? ………………………… 156
54. 对房屋征收决定不服的,如何提出行政复议或行政诉讼? ……… 159
55. 征收房屋产权不明或处于诉讼中,补偿款怎么办? ……………… 163

二、集体土地征收与补偿

56. 未承包农村集体所有土地的村民能够参与土地补偿费的分配吗? …… 169
57. 征收农村集体所有的土地,地上的农作物能够获得补偿吗? …… 172
58. 承包的农村土地被征收的,能否获得相应补偿款? ……………… 175
59. 外嫁来的农村媳妇可以领取补偿款吗? ………………………… 179
60. 外嫁女可以领取补偿款吗? ……………………………………… 182
61. 征收农村土地为林地的,如何补偿? …………………………… 184
62. 被征收的农村土地是草地的,如何补偿? ………………………… 187
63. 农民土地被征收后,失地农民如何安置? ………………………… 190
64. 存在继承争议的房屋,户主是否有权代表家庭成员签订安置补偿协议? …… 192
65. 共有的房屋,如何签订征收补偿协议? ………………………… 195
66. 政府补偿决定中限定搬迁时间太短怎么办? ……………………… 197

003

67. 部分集体土地被征收用作垃圾填埋场，对环境污染严重，有额外补偿吗? 200
68. 签订征收补偿协议之后，实际征收之前，还可以继续经营承包的土地吗? 202
69. 购买的宅基地上的房屋被征收了，如何维权? 204
70. 宅基地上的房屋已售出，由谁签补偿协议? 207
71. 借名购买农村房屋后被征收，补偿金归谁? 210

国有土地上房屋征收与补偿

一、国有土地上房屋征收与补偿

1 国有土地上房屋征收应给予哪些补偿？

遇事

2016年8月，A市B区人民政府决定征收当地部分国有土地上房屋，并发布了房屋征收决定及征收补偿方案，确定房屋征收部门为当地住房和城乡建设局，房屋征收实施单位为东街办事处。项某某等四人的面积为23.5平方米的商铺在房屋征收决定划定的征收红线范围内。2017年1月14日，东街办事处作为房屋征收实施单位（甲方）与项某某等四人（乙方）签订〔2016〕0397号房屋征收安置补偿协议。那么，项某某等四人可以在安置补偿协议中约定哪些补偿呢？

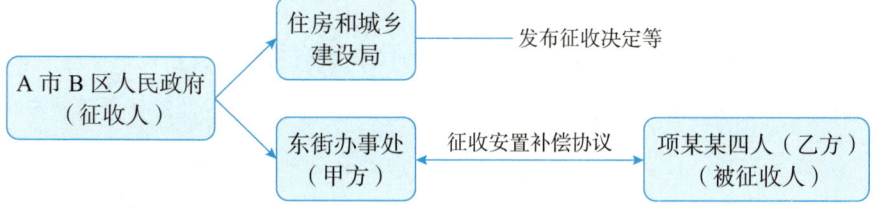

说法

个人房屋属于私有财产，出现国有土地征收情形时，将原本属于私人的房屋征收会造成原房屋所有权人损失，应当予以补偿。国有土地上房屋征收是国家出于公共利益，在收回土地使用权时，由于房屋与土地不可分割的物理属性而将国有土地上的房屋一并收回，并给予房屋所有权人以相应补偿的行为。

那么，当国有土地上房屋被征收后，房屋权利人可以获得多少补偿呢？《国有土地上房屋征收与补偿条例》第17条规定，作出房屋征收决定的市、县级人民政府对被征收人给予的补偿包括：（1）被征收房屋价值的补偿；

（2）因征收房屋造成的搬迁、临时安置的补偿；（3）因征收房屋造成的停产停业损失的补偿。以上补偿一般由征收实施单位与被征收方按照法律规定的补偿内容协商一致后，签订征收补偿协议，约定具体的补偿内容、标准和方式。就本案而言，项某某四人因商铺被拆除可在征收补偿协议中约定的补偿包括：（1）项某某四人被征收的23.5平方米商铺对应的产权调换商铺或者补偿货币；（2）因征收房屋造成的搬家等搬迁补偿；（3）临时安置周转费用补偿；（4）因征收房屋造成的停产停业损失补偿。在以上四类补偿中，金额最大的是第一类。

《中华人民共和国民法典》

第二百四十三条第一款、第三款 为了公共利益的需要，依照法律规定的权限和程序可以征收集体所有的土地和组织、个人的房屋以及其他不动产。

征收组织、个人的房屋以及其他不动产，应当依法给予征收补偿，维护被征收人的合法权益；征收个人住宅的，还应当保障被征收人的居住条件。

《国有土地上房屋征收与补偿条例》

第十七条 作出房屋征收决定的市、县级人民政府对被征收人给予的补偿包括：

（一）被征收房屋价值的补偿；

（二）因征收房屋造成的搬迁、临时安置的补偿；

（三）因征收房屋造成的停产停业损失的补偿。

市、县级人民政府应当制定补助和奖励办法，对被征收人给予补助和奖励。

房屋征收中,对于其被征收房屋的补偿,被征收人可以选择货币补偿,也可以选择房屋产权调换。产权调换时,又因为补偿房屋的地理位置不同可以区分为原地产权调换与异地产权调换。一般而言,因旧城区改建征收个人住宅的,被征收人可以选择在改建地段进行房屋产权调换。无论是原地产权调换还是异地产权调换,政府除应当提供用于产权调换的房屋外,还应当计算、结清被征收房屋价值与用于产权调换房屋价值的差价。

被征收人在与征收实施单位签订补偿协议后,双方均应当依照协议约定按时履行。被征收人应当依法进行搬迁,将被拆迁房屋交付实施单位,实施单位应当按时足额支付补偿费用,并且按时交付调换房屋。除非补偿协议存在行政主体不适格或者没有依据等重大且明显违法的情形,或者存在合同无效的情形,否则,补偿协议是拆迁双方当事人的真实意思表示,是真实有效的。且补偿协议是被征收人与代表国家的行政机关签订的,是行政协议,也是一类特殊类型的行政行为。一旦当事人出现征收补偿纠纷,对于协议效力的审查,要对依法行政、保护相对人信赖利益、诚实信用、意思自治等基本原则进行利益衡量,从维护契约自由、维护行政行为的安定性、保护行政相对人信赖利益的角度,慎重认定行政协议的效力,不可轻易否定其有效性。

② 乡（镇）政府或者街道办发布征收公告是否合法？

遇事

2018年5月22日，Z城区某镇人民政府发布了《关于某某镇某某村饮用水源一级保护区及安置范围建（构）筑物征收拆迁补偿通告》，通告附件的征收范围示意图将吴某持有的位于该村中的土地及地上建筑物纳入征收范围，通告禁止被征收人在征收范围内的抢种、抢栽青苗以及新建、改建、装修、建（构）筑物等建设行为。2018年8月3日，镇政府发布的《关于印发〈某某镇某某村饮用水源一级保护区及安置区范围建筑征收拆迁补偿安置方案〉》更是确定了具体的补偿标准及安置方案。

吴某认为，征收通告及实施方案应当由县级以上人民政府发布，镇政府无权发布征收通告及安置方案，其行为限制了被征收人合法占用、使用、处分土地及建筑物的权利，故一直未签订相关征收补偿协议，也未拆除征收范围内土地上的建（构）筑物，并向当地人民法院提起诉讼，请求撤销镇政府发布的《关于某某镇某某村饮用水源一级保护区及安置范围建（构）筑物征收拆迁补偿通告》。那么，乡（镇）政府或者街道办事处发布的征收公告是否合法？

说法

根据《中华人民共和国土地管理法》规定，征收土地首先要经过国务院或省级人民政府批准，由县级及以上人民政府发布公告并组织实施。征地审批机关和实施机关都与乡镇政府或者街道办事处没有关系。本案中，某镇人民政府发布了《关于某某镇某某村饮用水源一级保护区及安置范围建（构）筑物征收拆迁补偿通告》，其内容具有公告的性质，且落款单位为某某镇人民政府。这属于镇政府以自己名义发布征收通告的行为，违反《中华人民共和国土地管理法》的规定，是违法行为。因此，该镇人民政府于2018年5月22日发布《关于某某镇某某村饮用水源一级保护区及安置区范围建（构）筑物征收拆迁补偿通告》的行政行为违法。

 找法

《中华人民共和国土地管理法》

第四十六条第一款、第二款 征收下列土地的，由国务院批准：

（一）永久基本农田；

（二）永久基本农田以外的耕地超过三十五公顷的；

（三）其他土地超过七十公顷的。

征收前款规定以外的土地的，由省、自治区、直辖市人民政府批准。

第四十七条 国家征收土地的，依照法定程序批准后，由县级以上地方人民政府予以公告并组织实施。

县级以上地方人民政府拟申请征收土地的，应当开展拟征收土地现状调查和社会稳定风险评估，并将征收范围、土地现状、征收目的、补偿标准、安置方式和社会保障等在拟征收土地所在的乡（镇）和村、村民小组范围内公告至少三十日，听取被征地的农村集体经济组织及其成员、村民委员会和其他利害关系人的意见。

多数被征地的农村集体经济组织成员认为征地补偿安置方案不符合法律、法规规定的，县级以上地方人民政府应当组织召开听证会，并根据法律、法规的规定和听证会情况修改方案。

拟征收土地的所有权人、使用权人应当在公告规定期限内，持不动产权属证明材料办理补偿登记。县级以上地方人民政府应当组织有关部门测算并落实有关费用，保证足额到位，与拟征收土地的所有权人、使用权人就补偿、安置等签订协议；个别确实难以达成协议的，应当在申请征收土地时如

实说明。

相关前期工作完成后，县级以上地方人民政府方可申请征收土地。

举一反三

　　一般认为，我国政府从中央到地方可以分为中央政府、省（自治区、直辖市）政府、地市政府、区县政府以及乡镇政府这五个层级。乡镇政府作为县级政府的下一级政府，可以履行县级政府交办的相关工作。在土地征收程序中，市、县级人民政府的土地行政主管部门（国土局）在各项工作中处于主导地位，镇政府是在该部门主导下予以配合、辅助。在征收实务中，地方上的"征收指挥部""征收领导小组"等临时性机构通常设置在镇政府，用于接待前来咨询、商议的被征收人以及开展相关思想工作。但是，这并不意味着乡镇政府或者街道办事处具有下发征收公告或者是实施征收行为的行政权力。遇到以上违法情形，相关权利人有权拒绝，并可以向当地的国土部门举报申请查处或向当地人民法院起诉请求撤销违法行为。

一、国有土地上房屋征收与补偿

③ 房地产公司与我签订房屋征收补偿协议合法吗？

2020年，L省某自治县李某男在其房屋征收时与H市某房地产开发有限公司（以下简称房地产公司）直接签订补偿安置协议。后来，在房地产公司对李某男进行产权置换过程中，因该公司提供了错误的房源表，导致李某男无法取得置换房屋，且李某男不同意置换符合条件的其他房屋。那么，房地产公司是否有权与被征收人签订房屋征收补偿协议呢？

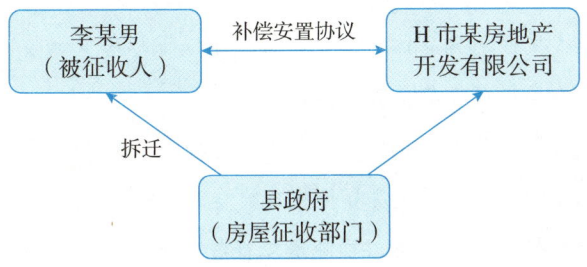

说法

根据《国有土地上房屋征收与补偿条例》第4条第1款、第2款的规定，市、县级人民政府负责本行政区域的房屋征收与补偿工作。市、县级人民政府确定的房屋征收部门（以下称房屋征收部门）组织实施本行政区域的房屋征收与补偿工作。第25条规定，房屋征收部门与被征收人依照本条例的规定，就补偿方式、补偿金额和支付期限、用于产权调换房屋的地点和面积、搬迁费、临时安置费或者周转用房、停产停业损失、搬迁期限、过渡方式和过渡期限等事项，订立补偿协议。补偿协议订立后，一方当事人不履行补偿协议约定的义务的，另一方当事人可以依法提起诉讼。依据上述法律规定，县政府及其确定的房屋征收部门是法定的征收补偿义务主体，应当确保李某男依据《国有土地上房屋征收与补偿条例》第25条享有的补偿安置权利能够得到实现。本案中，县政府和县征收中心在履行补偿安置义务过程中，没有直接与被征收人签订安置补偿协议，而是采用由房地产公司与被征收人直接签订补偿安置协议的方式代替征收主体履行补偿安置义务，实践中，部分法院的审判案例是予以认可并支持的。

《国有土地上房屋征收与补偿条例》

第四条 市、县级人民政府负责本行政区域的房屋征收与补偿工作。

市、县级人民政府确定的房屋征收部门（以下称房屋征收部门）组织实施本行政区域的房屋征收与补偿工作。

市、县级人民政府有关部门应当依照本条例的规定和本级人民政府规定的职责分工，互相配合，保障房屋征收与补偿工作的顺利进行。

第五条 房屋征收部门可以委托房屋征收实施单位，承担房屋征收与补偿的具体工作。房屋征收实施单位不得以营利为目的。

房屋征收部门对房屋征收实施单位在委托范围内实施的房屋征收与补偿行为负责监督，并对其行为后果承担法律责任。

在实践中，房屋征收部门可以委托其他房屋征收实施单位，承接房屋征收与安置补偿的相关具体工作。但是必须经过房屋征收部门授权后方可执行。房屋征收部门对于具体房屋征收实施单位在委托范围内实施的房屋征收与补偿行为进行监督，并对其后果承担相应的法律责任。实践中，经常遇到征收补偿相关部门采用由房地产公司与被征收人直接签订补偿安置协议方式来代替相关征收主体履行补偿安置义务，这种做法在司法判决中是得到认可的。但值得注意的是，虽然房地产公司可以经授权实施房屋征收补偿的工作，但是在其侵害被征收人合法权益时，如房地产公司强拆、断水、断电、无法履行拆迁协议等，最终还是由法定的征收补偿义务主体来承担法律责任，保障被征收人的合法权益。

4 开发商可以强制拆除我家房子吗?

2012年4月4日,W市某区人民政府委托街道办事处为房屋征收实施单位,承担房屋征收与补偿的具体工作,街道办事处用"某景公司"实施征收代办工作,"某景公司"将旧城改造项目征收范围内的房屋拆除工作承包给某正公司。王某甲在2013年1月至2015年12月为"某正公司"旧房拆除的负责人。

2014年10月10日、10月14日,王某甲在高某、苏某未与政府部门签订征收补偿协议的情况下,分两次安排挖机、施工人员将位于该市征收公告范围的高某、苏某的房屋拆除,房屋内的电视、冰箱、空调等电器都在家里,全部被开发商强拆房屋时砸毁。经物价部门鉴定,高某权利证书记载房屋面积重置价格为126155元,未登记面积重置价格为55025元;苏某权利证书记载面积房屋重置价格为60627元,未登记面积重置价格为51866元,以上合计人民币293673元。开发商可以在高某、苏某尚未与政府签订征收补偿协议时强制拆除他们的房屋吗?

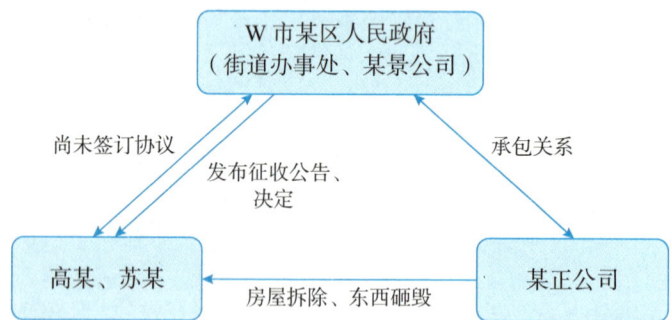

本案中,王某甲认为其作为受委托承包拆除工作的合法主体,有权利拆

除该区域内房屋，对于拒不搬走的住户可以采取强制方式拆除房屋，以使征收工作顺利推进，避免工程延期。王某甲的说法是不成立的。房屋征收虽然是为了公共利益，但是在原房主尚未签订征收补偿协议之时，其依旧是原房屋的合法权利人，房屋以及房屋内的一切财产均受法律保护。如果被征收人对补偿条件不满意，拒绝签订征收补偿协议，由于征收具有公共性，为了实现公共利益，在无法达成一致意见时，由政府按照征收补偿方案直接作出补偿决定，并在房屋征收范围内予以公告。此时，被征收人可以通过行政复议或行政诉讼等方式保护自身权益。即使在人民政府直接作出补偿决定并公告后，房地产公司也无权将拒不搬走的住户的房屋强制拆除。此种情况下，只能由作出决定的政府申请人民法院强制执行。

《国有土地上房屋征收与补偿条例》

第五条 房屋征收部门可以委托房屋征收实施单位，承担房屋征收与补偿的具体工作。房屋征收实施单位不得以营利为目的。

房屋征收部门对房屋征收实施单位在委托范围内实施的房屋征收与补偿行为负责监督，并对其行为后果承担法律责任。

第二十六条第一款、第三款 房屋征收部门与被征收人在征收补偿方案确定的签约期限内达不成补偿协议，或者被征收房屋所有权人不明确的，由房屋征收部门报请作出房屋征收决定的市、县级人民政府依照本条例的规定，按照征收补偿方案作出补偿决定，并在房屋征收范围内予以公告。

被征收人对补偿决定不服的，可以依法申请行政复议，也可以依法提起行政诉讼。

第二十七条第一款、第三款 实施房屋征收应当先补偿、后搬迁。

任何单位和个人不得采取暴力、威胁或者违反规定中断供水、供热、供气、供电和道路通行等非法方式迫使被征收人搬迁。禁止建设单位参与搬迁活动。

第二十八条第一款 被征收人在法定期限内不申请行政复议或者不提起行政诉讼，在补偿决定规定的期限内又不搬迁的，由作出房屋征收决定的市、县级人民政府依法申请人民法院强制执行。

根据法律规定，在被征收人与征收机关无法达成征收补偿协议时，由于为了公共利益，可以由当地市、县人民政府依法直接作出补偿决定并予以公告；被征收人在法定期间内既不申请行政复议或提起行政诉讼，又不在补偿决定规定的期限内搬迁的，可以进行强制执行。但是强制执行的主体只能是人民法院，其他政府部门、房地产开发商等实际履行征收工作的相关单位或组织无权作出强拆行为，即使是作出补偿决定的人民政府都无权强制拆除；且人民法院的强制拆迁行为也需要由作出补偿决定的人民政府申请才可以，而非随意作出。任何其他主体对房屋作出的强制拆除行为除了要承担侵害财产的民事赔偿责任以外，还有可能触犯刑法，构成刑事犯罪。行为人有可能构成《中华人民共和国刑法》第275条规定的故意毁坏财物罪、第245条规定的非法侵入住宅罪等刑事罪名。

一、国有土地上房屋征收与补偿

⑤ 我家古董在强拆中被损毁了，该找谁赔？

 遇事

2017年10月20日，某地因十七号路建设项目需要，经H省人民政府批准，A市人民政府发布〔2017〕67号《征收土地公告》，蒋某乙所有的房屋处于征收用地红线范围内。同年11月7日，原A市国土资源局发布〔2017〕05号《征地补偿安置方案征求意见公告》。同年12月15日，A市某区土地和房屋征收事务所与蒋某乙签订了《房屋征收补偿协议书》，约定蒋某乙的房屋征收补偿安置等各项费用共计为975348.10元。同年12月21日，原A市国土资源局发布〔2017〕05-1号《征地补偿安置方案实施公告》。2018年1月16日上午，A市某区土地和房屋征收事务所通知蒋某乙领取补偿款存折（金额为975348.10元），蒋某乙签字领取。当日下午，房地产公司根据A市某区土地和房屋征收事务管理办公室的委托对蒋某乙的房屋进行强制拆除。在强制拆除过程中，其父蒋某甲存放在该房屋内的一张木床等家具、物品被损毁。

2019年5月14日，蒋某甲以其存放在蒋某乙的房屋内的财产受到损坏为由，向法院提起诉讼，请求区政府、A市国土资源局赔偿其古董楠木床、木凳、盆、桶、水车、木方损失，共计10000元。那么，蒋某甲在此次征收中被毁损的财产应该由谁赔偿？

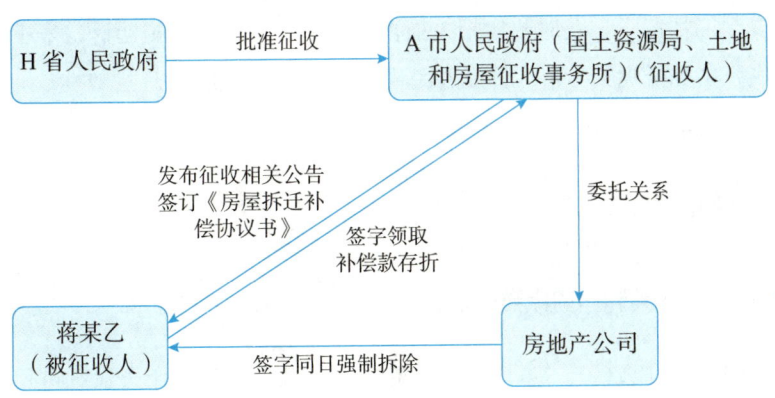

说法

现实中经常遇到被征收人不同意征收而产生的强制拆迁情况,但本案并非如此。本案中,蒋某乙已经签订了征收补偿协议并且领走了征收补偿款,只是还尚未将房屋内的全部物品搬离,其中包括其父蒋某甲的古董楠木床。本案中蒋某乙上午领走补偿款后,下午房屋马上被拆除,征收方未通知蒋某乙搬离全部物品也未留足合理搬迁时间,虽不属于非法强制拆除,但是依旧没有及时通知,也没有给被征收人留出搬离的合理时间,属于征收过程中的违法行为,且造成了被征收人财产损失,应当承担赔偿责任。

那么,本案中蒋某甲的损失究竟应当由谁赔偿?是实施征收活动的房地产开发商,还是其他主体?依据《国有土地上房屋征收与补偿条例》的规定,市、县级人民政府负责本行政区域的房屋征收与补偿工作,房屋征收主体是市、县级人民政府。本案中,房地产公司受A市某区土地和房屋征收事务管理办公室的委托对蒋某乙的房屋进行拆除,房地产公司的拆除行为属于受委托行为。我国《中华人民共和国国家赔偿法》规定,受行政机关委托的组织或者个人在行使受委托的行政权力时侵犯公民、法人和其他组织的合法权益造成损害的,委托的行政机关为赔偿义务机关。据此,本案中,蒋某甲的古董楠木床应当由A市某区人民政府负责赔偿。同时,根据《中华人民共和国行政诉讼法》及《最高人民法院关于适用〈中华人民共和国行政诉讼法〉的解释》规定,在行政赔偿、补偿案件中,因被告的原因导致原告无法就损害情况举证的,应当由被告承担举证责任。所以,被征收人要在确保自身安全的情况下,及时收集相关损害证据,依法向法院提起诉讼来主张权利,主张由委托机关(市、县级人民政府)承担赔偿责任。

《中华人民共和国国家赔偿法》

第四条 行政机关及其工作人员在行使行政职权时有下列侵犯财产权情

形之一的，受害人有取得赔偿的权利：

（一）违法实施罚款、吊销许可证和执照、责令停产停业、没收财物等行政处罚的；

（二）违法对财产采取查封、扣押、冻结等行政强制措施的；

（三）违法征收、征用财产的；

（四）造成财产损害的其他违法行为。

第七条第四款 受行政机关委托的组织或者个人在行使受委托的行政权力时侵犯公民、法人和其他组织的合法权益造成损害的，委托的行政机关为赔偿义务机关。

第三十六条 侵犯公民、法人和其他组织的财产权造成损害的，按照下列规定处理：

……

（三）应当返还的财产损坏的，能够恢复原状的恢复原状，不能恢复原状的，按照损害程度给付相应的赔偿金；

（四）应当返还的财产灭失的，给付相应的赔偿金；

……

《国有土地上房屋征收与补偿条例》

第四条第一款、第二款 市、县级人民政府负责本行政区域的房屋征收与补偿工作。

市、县级人民政府确定的房屋征收部门（以下称房屋征收部门）组织实施本行政区域的房屋征收与补偿工作。

第三十一条 采取暴力、威胁或者违反规定中断供水、供热、供气、供电和道路通行等非法方式迫使被征收人搬迁，造成损失的，依法承担赔偿责任；对直接负责的主管人员和其他直接责任人员，构成犯罪的，依法追究刑事责任；尚不构成犯罪的，依法给予处分；构成违反治安管理行为的，依法给予治安管理处罚。

在征收中,无论是本案中遇到的已经同意征收而尚未搬离被强制拆迁,还是被征收人不同意补偿决定的强制拆迁,都有可能导致房屋本身或室内其他合法财产的损坏。根据《中华人民共和国国家赔偿法》的规定,行政机关及其工作人员在行使行政职权时又违法征收财产的,被征收人可以依法获得赔偿;违法征收财产的,应当返还全部财产,返还的财产有损毁的,可以恢复原貌的,应当恢复原貌,不能恢复原貌的,按照损毁给予赔偿。就房屋征收而言,想要恢复房屋原状以及房屋内的易碎财产显然是不大可能的,只能通过国家赔偿的方式予以解决。那么,被征收人到底可以获得多少赔偿呢?这要根据被毁坏财产的实际价值和折旧等计算赔偿。为了防止合法财产如本案一般被突然损坏后,没有赔偿的依据,建议被征收人在拆迁来临之初,就应当对房屋、室内所有的物品及时取证,制定财产清单,以防患于未然。一旦被突然拆除或者即使被强拆,也能够在后续赔偿环节中,及时出具证据来主张要求赔偿的具体价值。

一、国有土地上房屋征收与补偿

6 我的房子是租的，租期还没到，房子被征收时我能拒绝吗？

遇事

2017年9月19日，靳某与H市某商贸有限责任公司（以下简称商贸公司）签订了房屋租赁合同，承租了位于J区某商场西一厅3-4层的房屋，面积约1200平方米，租赁期限自2017年9月30日起至2022年9月30日止，期限为5年。双方约定租金每年12万元，按年支付，同时靳某向商贸公司交纳2万元押金，租赁期限届满后，由商贸公司退还给靳某。靳某承租该房屋后进行了装修，用于经营住宿业，并于2018年7月6日向商贸公司交纳第二年度租金12万元。

2018年7月3日，J区人民政府作出《房屋征收决定》；7月31日，征收实施部门作出《征收补偿安置方案》。靳某在政府的公告中看到了以上征收决定和安置方案。同时得知，J区房屋征收管理办公室与房东达成协议，补偿41356573元。但让靳某疑惑的是，自己承租的房屋刚刚租了1年，要到2022年才到期，并且自己已经按照长期经营住宿业投入了大量装修等成本，现在征收拆迁，自己是否可以拒绝搬出呢？

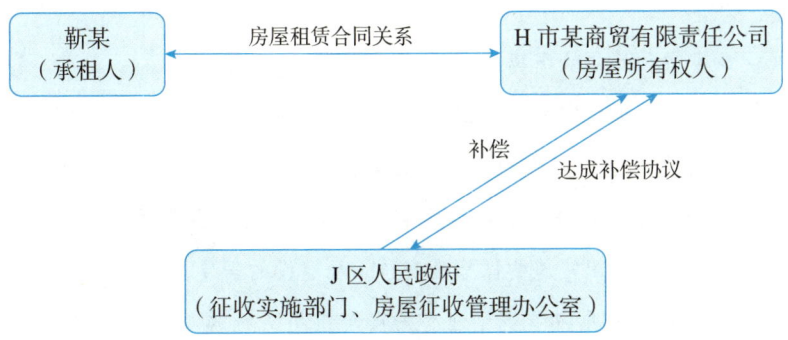

说法

本案的焦点主要是承租人是否能够拒绝征收的问题。本案中，被征收房屋属于商贸公司所有，商贸公司是其所有权人，有权决定其房屋的处分问题。靳某承租了该房屋，但是并不享有对房屋的处分权，房屋征收属于对房屋所有权的处分行为，靳某无权对该房屋的征收作出处分意见。根据现行法律规定，也并不禁止租赁期间的房屋被征收。虽然靳某与商贸公司签订的租赁合同还未到期，但是这属于靳某与商贸公司的合同履行问题，靳某并不因这一合同而享有对所涉房屋的处分权。只要被征收房屋符合法律、行政法规规定的公共利益的需要且房屋所有权人已经同意征收，作为承租人的靳某无权拒绝。靳某应当按照其所承租的房屋因被征收而不具备继续经营住宿业的实际条件而终止合同，及时腾退房屋。

找法

《国有土地上房屋征收与补偿条例》

第八条 为了保障国家安全、促进国民经济和社会发展等公共利益的需要，有下列情形之一，确需征收房屋的，由市、县级人民政府作出房屋征收决定：

（一）国防和外交的需要；

（二）由政府组织实施的能源、交通、水利等基础设施建设的需要；

（三）由政府组织实施的科技、教育、文化、卫生、体育、环境和资源保护、防灾减灾、文物保护、社会福利、市政公用等公共事业的需要；

（四）由政府组织实施的保障性安居工程建设的需要；

（五）由政府依照城乡规划法有关规定组织实施的对危房集中、基础设施落后等地段进行旧城区改建的需要；

（六）法律、行政法规规定的其他公共利益的需要。

举一反三

国有土地上房屋征收是为了公共利益及国家安全等原因而进行的,具有强制性和合法性,不会因为租期未到或者剩余租期年久而停止征收。租户遇到这样的问题,要积极配合相关部门以及房东的征收工作,同时积极获得对自身受损利益的补偿。对于承租人而言,可以依据民事领域相关法律法规及当事人之间的约定解决征收补偿问题。《中华人民共和国民法典》第725条规定,租赁物在承租人按照租赁合同占有期限内发生所有权变动的,不影响租赁合同的效力。但因为房屋征收后承租人确实无法继续经营住宿业,其可以依据租赁合同中的违约条款保护自身权益。同时,对于符合条件的承租人,国家会给予不同补偿,且商用房屋的各项损失可以经过鉴定评估后确定数额,设备、装饰都可以计算在内。

遇事找法 房屋拆迁、补偿、安置纠纷一站式法律指引

⑦ 我租的房子没有在征收中获得补偿，我如何主张权利？

 遇事

扫一扫，听案情

> 我想租下图书馆的三层房屋，开个茶馆，租10年。

> 可以啊，咱们去办公室谈。

> 合同租期内，如果受政府政策影响，我们会第一时间通知您，不会单独签署任何协议与合同的。

> 行，那咱们把合同签了吧。

办公室

> 我要求市政府依法赔偿我茶馆的建设费、装修费、经营损失……

022

一、国有土地上房屋征收与补偿

一般而言,在房屋征收补偿时,只有房屋所有权人存在与征收行为和补偿行为的权利义务关系,可以针对征收行为或者补偿行为提起相应行政诉讼。房屋承租人一般情况下并不与征收补偿行为有利害关系,承租人可以通过协商、仲裁、民事诉讼等活动解决其与房屋所有权人之间的房屋租赁合同纠纷,并按照租赁合同的约定和法律规定来解决所租赁房屋上的添附以及因征收行为而造成的停产停业损失的补偿或赔偿问题。

但在本案中,承租人有权起诉市政府的征收补偿行为。这是因为,地处于图书馆的茶馆显然属于一处经营场所,理应在补偿中存在装修损失、营业损失等。事实上,K市政府也曾与厉某协商解决相关独立于房屋所有权人的经营补偿事宜,已经明知承租人厉某在被征收房屋上具有不可忽略的添附并且依法经营茶馆,也明知厉某在本次征收补偿中存在独立于房屋所有权人的、依法应当享有的添附补偿和停产停业损失补偿等重大补偿利益。但是,K市政府在与厉某协商未能达成协议后,径行与房屋所有权人签订安置补偿协议,且该安置补偿协议也未约定有关某茶馆停产停业损失、装修费用等的补偿,其后又未就上述补偿问题另行对厉某(茶馆经营者)作出补偿决定,明显存在侵犯厉某的补偿利益的情形。根据我国《国有土地上房屋征收与补偿条例》有关规定,房屋上的添附以及停产停业损失应当予以补偿,厉某作为承租人是这些补偿的合法享有人。因此,厉某有权对其遭受的添附利益损害以及停产停业损失向征收补偿决定主体提起诉讼。

《中华人民共和国行政诉讼法》

第二十五条第一款 行政行为的相对人以及其他与行政行为有利害关系的公民、法人或者其他组织,有权提起诉讼。

《国有土地上房屋征收与补偿条例》

第十七条 作出房屋征收决定的市、县级人民政府对被征收人给予的补偿包括：

（一）被征收房屋价值的补偿；

（二）因征收房屋造成的搬迁、临时安置的补偿；

（三）因征收房屋造成的停产停业损失的补偿。

市、县级人民政府应当制定补助和奖励办法，对被征收人给予补助和奖励。

《国有土地上房屋征收评估办法》

第十四条 被征收房屋价值评估应当考虑被征收房屋的区位、用途、建筑结构、新旧程度、建筑面积以及占地面积、土地使用权等影响被征收房屋价值的因素。

被征收房屋室内装饰装修价值，机器设备、物资等搬迁费用，以及停产停业损失等补偿，由征收当事人协商确定；协商不成的，可以委托房地产价格评估机构通过评估确定。

征收中，承租人的利益保护不应被忽视。很多时候，承租人，尤其是从事生产经营的承租人，其在承租过程中投入了巨大的装饰装修成本，且具有通过生产经营活动获取预期利益的合法预期。房屋征收活动会对承租人的生产经营活动产生严重影响，其损失理应得到补偿或者赔偿。在房屋征收过程中，补偿义务主体在知道或者应当知道存在房屋承租人，并且承租人具有独立的补偿利益后，既不在其与被征收人签订的安置补偿协议或者作出的补偿决定中体现这一部分属于承租人独立的利益补偿，也不另行与承租人签订安置补偿协议，更不作出补偿决定解决该利益补偿问题是违反法律规定的。作为承租人也要大胆借助法律武器保护自己的合法权益。

一、国有土地上房屋征收与补偿

8 被征收房屋存在权属争议时，如何签订补偿协议？

遇事

H市林某绪在1994年4月7日的《国有土地使用登记卡》上登记了96.40平方米土地，该地上九层房屋均未办理登记。1994年6月26日，钟某辉通过《转让房屋契约》购买以上土地上的第1、4、5、8、9层房屋，1998年6月6日，孔某信通过《转让房屋契约》购买以上土地上的第2、3、6、7层房屋。后来，林某绪因借款纠纷，将上述土地及房屋全部抵押，并由H省高级人民法院以评估价689011元交付给中国长城资产管理公司某市办事处以抵偿债务。2004年12月8日，林某实以20万元竞得该房产。

2014年12月19日，H市L区政府作出《房屋征收调查通告》并张贴公布，通告要求相关单位和个人于2015年1月15日前，持相关件到指定地点登记，进行产权核定。2016年8月5日，H市L区街道办事处和社区居民委员会出具《土地权属证明》，确认涉案现场编号F13-1号房屋由钟某辉、孔某信使用，无证土地面积95.10平方米。目前，以上房屋存在林某实、钟某辉、孔某信多个主张权利的主体，房屋究竟属于谁存在权属争议。林某实就案涉房屋以孔某信、案外人林某绪为被告，向H市L区人民法院提起确权之诉（被征收房屋又涉及诉讼案件）。那么，在征收补偿中究竟应由谁与政府签订征收补偿协议呢？

说法

本案中，存在权属争议的土地一直登记在林某绪名下，虽然钟某辉、孔某信主张购买过该土地上的不同层数的房屋，但是从未办理过房产登记，而林某实则是通过法院的公开拍卖竞买获得该土地以及房屋。孔某信等依据支付相应价款买受该房屋并一直居住在该房屋的事实，主张其是房屋所有权人；林某实则主张其通过市场拍卖获得了该土地使用权以及房屋所有权。以上土地使用权以及土地上房屋的所有权出现了权属争议。

依照法律规定，在被征收房屋产权存在争议的情况下，征收管理部门一般不与争议的任何一方签订征收补偿协议，而是在相关争议各方就被征收房屋产权民事争议依法解决后，作出征收补偿决定的人民政府才会依据生效的法律文书，向权利人发放征收补偿款，进行安置补偿。所以，如果被征收房屋存在产权争议，征收部门一般待房屋权属经司法确认后再与权利人签订协议，进行补偿；或者是预留相应的补偿款，待房屋权属确定后再根据司法文书支付相应的征收补偿款。

《中华人民共和国民法典》

第二百零九条第一款 不动产物权的设立、变更、转让和消灭，经依法登记，发生效力；未经登记，不发生效力，但是法律另有规定的除外。

第二百三十三条 物权受到侵害的，权利人可以通过和解、调解、仲裁、诉讼等途径解决。

《国有土地上房屋征收与补偿条例》

第二十六条 房屋征收部门与被征收人在征收补偿方案确定的签约期限内达不成补偿协议，或者被征收房屋所有权人不明确的，由房屋征收部门报请作出房屋征收决定的市、县级人民政府依照本条例的规定，按照征收补偿方案作出补偿决定，并在房屋征收范围内予以公告。

补偿决定应当公平，包括本条例第二十五条第一款规定的有关补偿协议的事项。

被征收人对补偿决定不服的，可以依法申请行政复议，也可以依法提起行政诉讼。

一、国有土地上房屋征收与补偿

实践中,在被征收房屋产权存在争议的情况下,征收管理部门一般按照如下流程操作:首先,根据《国有土地上房屋征收与补偿条例》第26条的规定,房屋征收部门与被征收人在征收补偿方案确定的签约期限内达不成补偿协议,或者被征收房屋所有权人不明确的,由房屋征收部门报请作出房屋征收决定的市、县级人民政府依照本条例的规定,按照征收补偿方案作出补偿决定,并在房屋征收范围内予以公告。其次,征收管理部门不与有争议的任何一方签订征收补偿协议,也不对被征收房屋的权属进行确认,而是由作出征收决定的人民政府依法对被征收的房屋作出征收补偿决定,并将征收补偿款及补偿安置房屋根据法律规定予以提存。最后,在房屋权属相关争议各方就被征收房屋产权通过民事诉讼等途径依法解决后,作出征收补偿决定的人民政府根据生效的法律文书,向权利人发放征收补偿款,进行安置补偿。

9 我的房子抵押给银行贷款了，遇到征收怎么办？

 遇事

2005年1月13日，张某男、李某女与建行某支行签订了《个人额度借款及担保合同》，建行某支行给予张某男45万元的贷款额度用于经营周转，贷款期限为5年；李某女以其名下的位于S市某新区某路某号底层价值90万元的房产向建行某支行提供抵押担保。2005年1月26日，位于S市某新区某路某号底层的房产办理了抵押登记手续。抵押登记办理后，建行某支行向张某男依约发放了贷款。

2008年5月，在以上贷款尚未到期之时，该房屋所处地段开始征收，该抵押房产处于征收范围内。某工程公司取得上述抵押房屋的拆迁许可证，由某拆迁公司作为某工程公司的代理人具体实施拆迁。此时，作为已抵押房产的所有权人李某女该怎么办？她还能否签订征收补偿协议获得征收补偿款，还是该补偿款应当被支付给银行用于承担其担保责任？

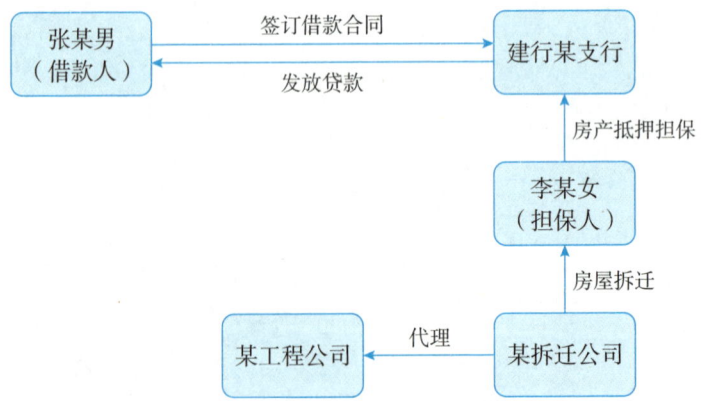

 说法

本案中，李某女作为该房屋的合法所有权人，理应在征收中能够获得相

应的征收补偿款，但是由于其替张某男的银行贷款承担了抵押责任，导致该房屋上存在建行某支行这一抵押权人。显然李某女对该房屋享有的物权并不完全充分，而是受到了银行的部分约束和限制。按照法律规定，如果不动产设置了抵押权，则抵押权人有权从处理抵押物获得的变价款中优先受偿，因此，本案中银行作为抵押权人原本就享有从处理抵押财产变价款中优先受偿的权利。

但是本案中，由于贷款期限为5年，此时尚未到债权期限届满日期，李某女房屋上存在的担保权是一项从权利，在主债权尚未到期时，从权利如何实现呢？李某女应当在该财产被征收时第一时间通知银行，与银行就抵押行为进行协商。通常情况下，被征收人可以和银行协商以其他财产另行抵押，从而替换被征收的抵押物，也可以由债务人提前清偿债务，解除抵押合同。征收部门可以根据双方协商结果，确定如何发放该笔补偿款。如果双方无法形成一致意见，则可以依据补偿方式分别处理：对于选择货币补偿的被征收人，征收方可以暂缓征收安置补偿费用的支付，委托公证机构办理提存，在争议解决后再行支付；而对于选择产权置换的被征收人，则可以由抵押人和抵押权人重新签订抵押协议，以置换所得的房屋作为抵押物提供担保。

找法

《中华人民共和国民法典》

第三百九十条 担保期间，担保财产毁损、灭失或者被征收等，担保物权人可以就获得的保险金、赔偿金或者补偿金等优先受偿。被担保债权的履行期限未届满的，也可以提存该保险金、赔偿金或者补偿金等。

《国有土地上房屋征收与补偿条例》

第十五条 房屋征收部门应当对房屋征收范围内房屋的权属、区位、用途、建筑面积等情况组织调查登记，被征收人应当予以配合。调查结果应当在房屋征收范围内向被征收人公布。

> 《最高人民法院关于适用〈中华人民共和国民法典〉有关担保制度的解释》

第四十二条 抵押权依法设立后，抵押财产毁损、灭失或者被征收等，抵押权人请求按照原抵押权的顺位就保险金、赔偿金或者补偿金等优先受偿的，人民法院应予支持。

给付义务人已经向抵押人给付了保险金、赔偿金或者补偿金，抵押权人请求给付义务人向其给付保险金、赔偿金或者补偿金的，人民法院不予支持，但是给付义务人接到抵押权人要求向其给付的通知后仍然向抵押人给付的除外。

抵押权人请求给付义务人向其给付保险金、赔偿金或者补偿金的，人民法院可以通知抵押人作为第三人参加诉讼。

举一反三

在被抵押房屋遇到征收的时候，根据《中华人民共和国民法典》第390条的规定，担保期间，担保财产被征收的，担保物权人可以就获得的补偿金优先受偿。如果被担保债权的履行期限还没有届满，可以将补偿金予以提存，待履行期间届满之后视债务履行情况而承担担保责任。因此，当抵押人知悉抵押房屋被纳入征收范围后，应当第一时间通知抵押权人，双方妥善协商，切不可抱有侥幸心理，认为既可以获得征收补偿也不必再承担对银行贷款的担保责任。一旦最后出现了问题，除依旧要承担责任外，还可能因还款不及时而影响征信，得不偿失。

⑩ 夫妻共有房屋在离婚后遇到房屋征收怎么办？

遇事

2014年，C市H区人民政府作出《C市H区人民政府房屋征收决定书》。依据该决定，李某一名下的房屋在征收范围之内。事实上，李某一与其丈夫孙某男已经于2002年向C市H区人民法院起诉离婚，并在法院作出的解除婚姻关系的调解书中对双方的共同财产进行了分割，处于被征收范围内的以上房屋也作为共同财产进行了分割，但是离婚后二人一直没有变更房屋权属登记，以上房屋依旧登记在李某一名下。

征收中，征收工作组与李某一、孙某男多次协商未达成补偿协议，且二人在与征收工作组协商过程中并未言明离婚情况。2014年12月24日，H区人民政府作出〔2014〕65号《C市H区人民政府房屋征收补偿决定书》，并向李某一送达。征收补偿决定书按照征收补偿方案的相关规定，根据权属证书的明确记载，按照"一证一户"原则对被征收人进行了补偿。李某一收到征收补偿决定书后，以H区人民政府〔2014〕65号《C市H区人民政府房屋征收补偿决定书》没有对其与孙某男分别给予补偿为由，向人民法院起诉，请求撤销该补偿决定，对其与孙某男给予分别列项补偿，也就是李某一希望政府作出两个补偿决定分别给予补偿。李某一的诉讼请求能够得到支持吗？已经离婚分割过的但是尚未进行产权变更登记的房屋在征收补偿时究竟应当如何补偿呢？

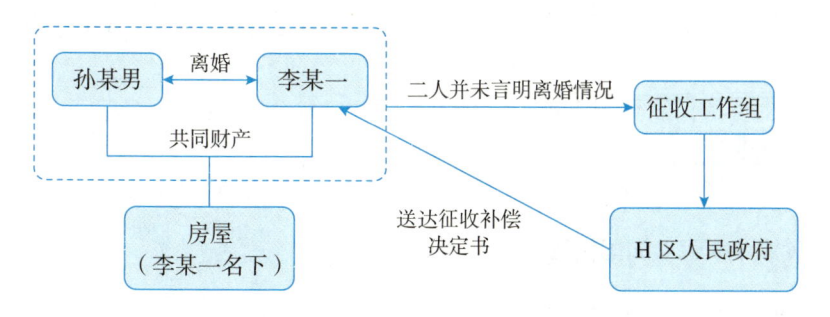

说法

《中华人民共和国民法典》中明确规定了因人民法院、仲裁机构的法律文书或者人民政府的征收决定等，导致物权设立、变更、转让或者消灭的，自法律文书或者征收决定等生效时发生效力。本案中，李某一与孙某男在2002年就通过人民法院的调解书离婚并且就房屋进行了分割，虽然二人并没有去房产登记管理部门重新按照分割后的实际情况进行房产变更登记，房产依旧登记在李某一名下，但是该房屋的所有权事实上在该调解书生效之时起就发生了物权变动的效力，房屋事实上属于离异的双方分别所有。

在房屋征收过程中，该被征收房屋尽管登记在李某一名下，但按照法律规定，该房屋从2002年调解书生效之日起，其权属情况就已发生变动，归李某一与孙某男分别所有。在此情况下，当该房屋被征收时，理应根据实际权属情况，对该二人进行分户安置、分别补偿。但由于案涉房屋一直登记在李某一名下并未发生登记变更，H区人民政府在作出征收补偿决定时不知道真实的权利状况也在情理之中，尤其是李某一和孙某男在参与征收补偿协商的过程中，一直未在H区人民政府作出征收补偿决定前向区政府说明其早已离婚并分割房产的事实，亦未在法定期限内按法定的程序对房屋评估报告提出异议。H区人民政府按照征收补偿方案的相关规定，根据权属证书的明确记载，按照"一证一户"原则对被征收人进行补偿，作出案涉征收补偿决定并无不当，李某一起诉政府要求撤销补偿决定的诉讼请求不能得到人民法院支持。至于李某一、孙某男如何就补偿决定确定的补偿款项如何分配的问题，二人可以通过当时调解书确定的比例协商分配，协商不成的，可以通过相互之间的民事诉讼等方式予以解决。

找法

《中华人民共和国民法典》

第二百二十九条 因人民法院、仲裁机构的法律文书或者人民政府的征收决定等，导致物权设立、变更、转让或者消灭的，自法律文书或者征收决定等生效时发生效力。

举一反三

一般认为，房屋权属登记表明房屋属于谁所有，夫妻二人共同所有的房屋会在房屋产权登记时登记为共同所有。但在实际生活中，因法律文书、继承等情形会发生房屋权属实际已发生变动而在权属登记上并未进行相应变更的情形。在此情况下，若该房屋被征收极易在补偿对象上发生认识错误。虽然房屋征收主体确实应当根据实际权属情况对房屋的真正权利人分户安置，分别补偿，但鉴于登记具有公示公信的效力，在被征收人并未主动示明其因法律文书、继承等事实发生所有权变动的情形时，征收部门极易依据权属登记确定的所有权人，按照"一证一户"的原则签订补偿协议或者作出补偿决定。

因此，为避免后期被征收人还需要通过另行协商或诉讼等程序分割征收补偿款，被征收人应当在征收过程中主动向征收部门示明其离婚、继承等事实，要求分别安置，分别补偿，以避免后续还需要通过诉讼等方式再行分割补偿款，费时费力。

遇事找**法** 房屋拆迁、补偿、安置纠纷一站式法律指引

11 被征收人可以对政府的征收方案申请听证吗?

遇事

扫一扫，听案情

> 今日会议讨论的主题是××棚户区改造项目房屋征收补偿方案。

> 根据会议的讨论决定，《XXXX征收补偿决定》自即日起生效。

> 您的房屋即将被征收，这是县政府给您的通知文件，请您签收。

> 怎么这么突然？

> 县政府在发布房屋征收方案之前没有征求我的意见或者召开听证会，这显然违法了。

034

说法

被征收人在征收过程中为了公共利益放弃了原本属于自己的房屋或其他财产权利，对其生产、生活造成了极大的不便，补偿标准和安置方案是否能够最大限度地弥补其损失对于被征收人意义重大。为了避免政府单方决定征地补偿安置方案可能忽略被征收人的合理合法诉求，法律规定了在征收过程中应当充分保障被征收人的参与权，组织听证会，并且要根据法律法规和听证会情况修改征地补偿方案。在旧城区改造中，涉及大量被征收人需要搬迁，如果多数被征收人认为征收补偿方案不符合法律规定的，市、县人民政府应当组织被征收人和公众代表参加听证会。

根据《国有土地上房屋征收与补偿条例》第11条的规定，市、县级人民政府应当将征求意见情况和根据公众意见修改的情况及时公布。因旧城区改建需要征收房屋，多数被征收人认为征收补偿方案不符合本条例规定的，市、县级人民政府应当组织由被征收人和公众代表参加的听证会，并根据听证会情况修改方案。因此，本案中，王某甲可以在征收方案公告阶段参照法律相关规定及公告内容向政府申请举行听证。

找法

《中华人民共和国土地管理法》

第四十七条第一款、第三款 国家征收土地的，依照法定程序批准后，由县级以上地方人民政府予以公告并组织实施。

多数被征地的农村集体经济组织成员认为征地补偿安置方案不符合法律、法规规定的，县级以上地方人民政府应当组织召开听证会，并根据法律、法规的规定和听证会情况修改方案。

《国有土地上房屋征收与补偿条例》

第十条 房屋征收部门拟定征收补偿方案，报市、县级人民政府。

市、县级人民政府应当组织有关部门对征收补偿方案进行论证并予以公布，征求公众意见。征求意见期限不得少于30日。

第十一条 市、县级人民政府应当将征求意见情况和根据公众意见修改的情况及时公布。

因旧城区改建需要征收房屋，多数被征收人认为征收补偿方案不符合本条例规定的，市、县级人民政府应当组织由被征收人和公众代表参加的听证会，并根据听证会情况修改方案。

第二十六条第三款 被征收人对补偿决定不服的，可以依法申请行政复议，也可以依法提起行政诉讼。

举一反三

我国征收区分为农村集体土地征收涉及的征收和城市国有土地上房屋征收，但无论是哪一种征收，被征收人均有权对征收补偿方案发表自己的意见，参加听证会。

具体而言，有关市、县级人民政府土地行政主管部门应当研究被征地的农村集体经济组织、农村村民或者其他权利人对征地补偿、安置方案的不同意见；对当事人要求举行听证的，应当举行听证会。如果确需修改征地补偿、安置方案的，应当按照有关法律、法规和批准的征收土地方案来进行修改。有关市、县级人民政府土地行政主管部门将征地补偿、安置方案报告市、县级人民政府审批时，应当附上被征地的农村集体经济组织、农村村民或者其他权利人的意见及采纳情况，举行听证会的，还应当附具听证笔录。

12 小区居民集体不同意政府的征收决定，应该如何解决？

遇事

2015年12月10日，H市M区人民政府发布了《关于某某片区建设项目房屋征收的决定》（以下简称征收决定）及《H市M区某某片区棚户区（城中村）改造项目征收补偿方案》。征收决定中明确了征收范围、房屋征收部门、征收补偿标准以及签约期限，同时明确告知被征收人如不服征收决定，可自公告之日起60日内依法向H市政府申请行政复议，或在公告之日起6个月内依法向人民法院提起诉讼。12月12日，M区人民政府作出《关于公示某某片区改造项目被征收人分户初步评估结果的通告》，将被征收人分户初步评估报告结果予以公示，并告知被征收人如对评估结果有异议，可以在10日内提出。

处于征收范围的某苑小区全体199名被征收人认为其小区既不是棚户区（城中村），更不是危房集中、基础设施落后的小区，不应当被征收。2016年1月11日，某苑小区199名被征收人联名申请行政复议，请求撤销政府作出的征收决定。后因行政复议维持了征收决定，以上小区居民又提起行政诉讼请求撤销征收决定。最终，法院经审理认为，M区人民政府作出的征收决定属于为了公共利益的需要，驳回199名被征收人的诉讼请求。那么，当被征收范围内的整个小区居民全部不同意拆迁时，应该怎么解决？

说法

我国的征收包括两种情形：一种是征收农村集体土地以及土地上的建筑物、构筑物；另一种是征收城市国有土地上的房屋。但不论是哪一种征收，都不是当地人民政府随意、任性而为的，都是为了公共利益而作出的行为。在为了公共利益而进行征地拆迁时，该征收行为具有强制性，被征收人不能拒绝。

本案中，某苑小区居民认为其所在小区既不是棚户区（城中村），更不是危房集中、基础设施落后的小区，因此不属于被征收的范围，所以通过申请行政复议和提起行政诉讼，请求撤销政府的征收决定。这是被征收人通过合法途径表达自身诉求的合法行为。但是，本案经过行政复议以及行政诉讼，均认定了政府作出征收决定是基于公共利益需要，是合法的，因此并未撤销该征收决定。可见，本案中政府的征收决定是合法的，虽然某苑小区199户居民认为小区不应当被拆除，但是并不妨碍政府为了公共利益的需要而依法进行征收。

找法

《国有土地上房屋征收与补偿条例》

第八条 为了保障国家安全、促进国民经济和社会发展等公共利益的需要，有下列情形之一，确需征收房屋的，由市、县级人民政府作出房屋征收决定：

（一）国防和外交的需要；

（二）由政府组织实施的能源、交通、水利等基础设施建设的需要；

（三）由政府组织实施的科技、教育、文化、卫生、体育、环境和资源保护、防灾减灾、文物保护、社会福利、市政公用等公共事业的需要；

（四）由政府组织实施的保障性安居工程建设的需要；

（五）由政府依照城乡规划法有关规定组织实施的对危房集中、基础设施落后等地段进行旧城区改建的需要；

（六）法律、行政法规规定的其他公共利益的需要。

第二十六条 房屋征收部门与被征收人在征收补偿方案确定的签约期限内达不成补偿协议，或者被征收房屋所有权人不明确的，由房屋征收部门报请作出房屋征收决定的市、县级人民政府依照本条例的规定，按照征收补偿方案作出补偿决定,并在房屋征收范围内予以公告。

补偿决定应当公平,包括本条例第二十五条第一款规定的有关补偿协议的事项。

被征收人对补偿决定不服的,可以依法申请行政复议,也可以依法提起行政诉讼。

第二十八条第一款 被征收人在法定期限内不申请行政复议或者不提起行政诉讼,在补偿决定规定的期限内又不搬迁的,由作出房屋征收决定的市、县级人民政府依法申请人民法院强制执行。

举一反三

政府为了公共利益需要,有权作出征收农村集体土地以及国有土地上房屋的决定,该征收行为具有强制性,而并非与被征收人的"讨价还价",被征收人应当服从。但是,征收显然会对被征收人的生产生活造成不利影响,因此,虽然是为了公共利益需要而进行的征收,但还是应当对被征收土地以及房屋的权利人给予公平补偿。

在征收过程中,如果遇到不愿拆迁的人员,政府工作人员往往会充分沟通协商,表明搬迁对于公共利益的重要性,但是也不会因为不愿搬迁人员人数众多而停止征收工作。在被征收人员拒绝签订补偿协议时,政府可以依法依规作出补偿决定并进行公示,对于既不在法定期限内提起行政复议或行政诉讼,又不在规定期限内搬迁的被征收人,征收机关可以申请人民法院强制执行。

作为被征收人,为了保护个人的合法权益,既可以通过听证程序充分听取政府征收的必要性,也可以通过提意见、听证等相关程序或者通过行政复议、行政诉讼等司法程序维护自己的合法权益,但是不能阻止因公共利益或国家利益而依法作出的征收决定。

遇事找法 房屋拆迁、补偿、安置纠纷一站式法律指引

> ⑬ 征收部门没有对我家未登记的建筑进行调查和认定,我该如何维护权利?

🔍 **遇事**

扫一扫,听案情

可惜是从单位房改房购买的,没有房屋产权证书。
恭喜啊!

您的房屋即将拆迁,这是房屋评估报告。
怎么这么突然?

区政府在作出房屋征收决定前,并未对我这套未登记的房屋履行调查、认定和处理职责。
原告

我一审二审都败诉了,之后该怎么办呀?
××人民法院

040

一、国有土地上房屋征收与补偿

说法

《国有土地上房屋征收与补偿条例》第15条规定，房屋征收部门应当对房屋征收范围内房屋的权属、区位、用途、建筑面积等情况组织调查登记，被征收人应当予以配合且房屋征收部门应当将调查结果在房屋征收范围内向被征收人公布。据此，房屋征收部门应当对房屋征收范围内的所有房屋的物理情况以及权属状况进行摸底调查并予以公布。但是，征收范围内的房屋并非全部登记房屋产权的房屋，也可能存在未进行房屋产权登记的房屋。对于这类未登记的房屋，《国有土地上房屋征收与补偿条例》明确要求市、县级人民政府在作出房屋征收决定前，应当组织有关部门依法对征收范围内未经登记的建筑进行调查、认定和处理，对于认定为合法建筑或者是未超过批准期限的临时建筑应当给予补偿，而对于认定为违法建筑或者是超过批准期限的临时建筑则不予补偿。

按照以上规定，对于征收范围内未经登记的建筑进行调查、认定和处理的职责是市、县级人民政府确定的房屋征收部门以及县级以上地方人民政府城乡规划主管部门的职责，而非市、县级人民政府的法定职责，因此，廖某以区政府为被告起诉其不履行调查、认定和处理职责，是比较典型的"告错了人"，区政府不是适格的被告。换言之，即使廖某要起诉行政机关没有履行对未登记建筑的调查、认定和处理职责，也应当以房屋征收部门或城乡规划部门为被告，而不是当地区政府。

本案中，廖某实际上是对补偿决定中的补偿价值不满意，其完全可以针对区政府的补偿决定进行行政复议或者行政诉讼。本案中，评估机构已经对廖某未经登记的房屋作出评估报告，且区政府根据评估报告作出的补偿决定中包含有对廖某房屋的补偿。如果廖某对房屋评估价值不认可，则可以依据《国有土地上房屋征收与补偿条例》对评估报告依次申请复核评估和鉴定；对补偿决定不满意或者认为补偿不符合法律规定的，可以对补偿决定依法申请行政复议，或者依法提起行政诉讼。

综上，在廖某能够依法直接就评估报告和补偿决定寻求救济的前提下，其起诉要求区政府履行对案涉被征收房屋未经登记建筑进行调查、认定和处理的法定职责，既选错了被告，又不属于行政诉讼受案范围，更不具有请求人民法院进行审理和判决的必要性和实效性。

找法

《中华人民共和国城乡规划法》

第六十四条 未取得建设工程规划许可证或者未按照建设工程规划许可证的规定进行建设的，由县级以上地方人民政府城乡规划主管部门责令停止建设；尚可采取改正措施消除对规划实施的影响的，限期改正，处建设工程造价百分之五以上百分之十以下的罚款；无法采取改正措施消除影响的，限期拆除，不能拆除的，没收实物或者违法收入，可以并处建设工程造价百分之十以下的罚款。

《国有土地上房屋征收与补偿条例》

第十五条 房屋征收部门应当对房屋征收范围内房屋的权属、区位、用途、建筑面积等情况组织调查登记，被征收人应当予以配合。调查结果应当在房屋征收范围内向被征收人公布。

第二十四条 市、县级人民政府及其有关部门应当依法加强对建设活动的监督管理，对违反城乡规划进行建设的，依法予以处理。

市、县级人民政府作出房屋征收决定前，应当组织有关部门依法对征收范围内未经登记的建筑进行调查、认定和处理。对认定为合法建筑和未超过批准期限的临时建筑的，应当给予补偿；对认定为违法建筑和超过批准期限的临时建筑的，不予补偿。

第二十六条 房屋征收部门与被征收人在征收补偿方案确定的签约期限内达不成补偿协议，或者被征收房屋所有权人不明确的，由房屋征收部门报请作出房屋征收决定的市、县级人民政府依照本条例的规定，按照征收补偿方案作出补偿决定，并在房屋征收范围内予以公告。

补偿决定应当公平，包括本条例第二十五条第一款规定的有关补偿协议的事项。

被征收人对补偿决定不服的，可以依法申请行政复议，也可以依法提起行政诉讼。

举一反三

一般当事人会认为只要是政府就是一家的，而往往忽略了行政机关的独立法律地位。事实上，某一具体的行政机关承担的行政职责是法律规定的特定职责，而非所有职责都可以认为只要是政府就要全部管起来。能够成为行政诉讼对象的具体行政行为，一定是能够对行政当事人或其他权利人产生权利义务关系实质影响的行政行为，而非行政机关作出的所有行政行为都具有可诉性。在国有土地上房屋征收过程中，有权部门依法对征收范围内未经登记的建筑进行调查、认定和处理行为仅仅是为后续评估机构依法作出评估报告以及人民政府依法决定补偿作出准备、创造条件，这一调查、认定和处理行为本身并不会对征收补偿法律关系产生决定性影响，也不在行政机关与被征收人之间直接设定行政法上的权利义务关系，因而不属于行政诉讼的受案范围。被征收人切忌盲目诉讼。

在征收过程中，固然存在一些为了多争取补偿而临时抢建房屋的情形，但是有很多没有登记的无产权建筑也并非在征收公告发布后抢修抢建而成，而是由于客观历史原因、政策原因等，无法办理产权证明所致。对此，市、县级人民政府在作出房屋征收决定前应当组织有关部门进行调查、认定，对认定为合法建筑和未超过批准期限的临时建筑的，应当给予补偿，而对于那些认定为违法建筑或者超过批准期限的临时建筑则不予补偿,不能对未登记房屋一刀切地拒绝认定与补偿。

实践中,以下房屋通常会被认定为"违法建筑":未依法取得土地使用权的;不符合城乡建设规划的,或者是临时搭建的房屋到期的。依据《中华人民共和国城乡规划法》《中华人民共和国土地管理法》的规定,临时建筑的使用年限一般为2年,如果超出这一期限还不拆除,就会成为"违法建筑"。

一、国有土地上房屋征收与补偿

14 我不知道征收公告而自建房屋，能够获得征收补偿吗？

遇事

某高速公路工程是J省"十三五"重点工程项目，根据《J省人民政府办公厅关于加快推进高速公路建设的意见》〔2015〕66号文件，某高速公路征地由S市人民政府负责。2017年4月14日，S市人民政府下发《S市人民政府关于预留某高速公路建设用地的公告》，禁止在预留用地控制范围内搭建建筑物、栽种树木花草。某苗圃为个体工商户，于2017年5月27日注册成立，并开始在预留用地控制区建设大棚、房屋及其他设施。2017年7月1日，沿线用地状况航拍图中显示，没有某苗圃的大棚及附属设施存在。但后来该大棚所在镇的镇政府及交通局发现了大棚及其棚内花草，于是镇政府和交通局于2018年6月22日及2018年8月11日两次直接将某苗圃经营的苗圃全部损毁。某苗圃认为，镇政府和交通局强行损毁其苗圃的行为严重侵犯了他的合法权益，致使他投资数百万元经营的苗圃全部被毁，政府应当补偿其苗圃损失；政府认为其在征收公告发布后新建苗圃属于不予补偿的范围。该苗圃声称其不知道征收公告的存在。那么，镇政府可以强制拆除他的苗圃吗？当事人不知道征收公告而新建的房屋能够获得征收补偿吗？

说法

针对镇政府的行为是否属于违法强拆的问题，答案是肯定的。根据《国有土地上房屋征收与补偿条例》第28条的规定，被征收人在法定期限内不申请行政复议或者不提起行政诉讼，在补偿决定规定的期限内又不搬迁的，由作出房屋征收决定的市、县级人民政府依法申请人民法院强制执行。所以强制拆除行为只能申请人民法院来执行，其他机关单位及开发商无权强拆。

该苗圃声称不知道征收公告而兴建苗圃的理由是不成立的。该苗圃在公告后建设的大棚、房屋等设施不能得到征收补偿。关于公告后的添附物能否得到补偿的问题，根据《国有土地上房屋征收与补偿条例》第16条的规定，房屋征收范围确定后，不得在房屋征收范围内实施新建、扩建、改建房屋和改变房屋用途等不当增加补偿费用的行为；违反规定实施的，不予补偿。上述规定明确指出，征收公告后再进行新建、扩建等行为，不予补偿。我们在生活中一般不会天天关注政府信息，如果政府的公告没有张贴至家门口或者没有单独送达时更不会知道公告的内容。据此，有人会主张没看到或者不知道征收公告。但事实上，征收不是一朝一夕就能够完成的事情，其涉及面积大、人数多、环节复杂，上至政府下至街道，会进行多轮宣传，会有较大范围的传播影响，由此，可以推定征收范围内的所有居民，包括该苗圃对征收公告是知悉的。

找法

《国有土地上房屋征收与补偿条例》

第十六条 房屋征收范围确定后，不得在房屋征收范围内实施新建、扩建、改建房屋和改变房屋用途等不当增加补偿费用的行为；违反规定实施的，不予补偿。

房屋征收部门应当将前款所列事项书面通知有关部门暂停办理相关手续。暂停办理相关手续的书面通知应当载明暂停期限。暂停期限最长不得超过1年。

第二十四条 市、县级人民政府及其有关部门应当依法加强对建设活动的监督管理，对违反城乡规划进行建设的，依法予以处理。

市、县级人民政府作出房屋征收决定前，应当组织有关部门依法对征收范围内未经登记的建筑进行调查、认定和处理。对认定为合法建筑和未超过批准期限的临时建筑的，应当给予补偿；对认定为违法建筑和超过批准期限的临时建筑的,不予补偿。

第二十八条第一款 被征收人在法定期限内不申请行政复议或者不提起行政诉讼,在补偿决定规定的期限内又不搬迁的,由作出房屋征收决定的市、县级人民政府依法申请人民法院强制执行。

举一反三

　　市、县级人民政府在征收决定作出之前,都会组织相关部门对征收范围内的建筑进行调查、认定和处理,对于被征收范围内哪些建筑是合法的、哪些建筑是违法的,在作出房屋征收决定之前已经明确知悉。一旦征收范围确定了,就会有暂停期限,在暂停期限内不能新建、改建、扩建房屋;自行新建、改建、扩建房屋也不可能获得审批手续,属于违法建筑,不予补偿。因此,房屋征收范围确定并发布征收公告,被征收人不论是否知道征收公告,在征收公告后进行改建房屋和改变房屋用途等,都会被认定为是不当增加补偿费用的行为,根据相关法律规定,征收人对上述建筑不予补偿。所以,被征收人在收到征收公告后一定不要再进行新建、扩建行为,如无视法律法规,进行增建、扩建的,无疑会造成自身财产损失,得不偿失。

遇事找**法** 房屋拆迁、补偿、安置纠纷一站式法律指引

⑮ 自建房屋，能获得征收补偿吗？

遇事

扫一扫，听案情

1998年

公告栏
××旧城改造项目
即将开始
2012.9.9

你的房是自建房，没有办理建房审批，也没有房产证，因此拆迁后不能获得补偿。

你们休想拆我的房！

今天谁也休想拆我的房！

048

说法

《国有土地上房屋征收与补偿条例》第24条第2款规定，对认定为合法建筑和未超过批准期限的临时建筑的，应当给予补偿；对认定为违法建筑和超过批准期限的临时建筑的，不予补偿。同时，《城市房屋拆迁工作规程》第8条第2款也明确规定，对于未取得房产证但能够证明该房屋是合法拥有的，由所在地房地产管理部门确认后，依法补偿；对于手续不全或者无产权产籍的房屋，应当经有关部门进行合法性认定后，依据相关法律法规处理；对于存在产权或者使用权（承租权）争议的，应当通过民事诉讼后，按照诉讼结果依法补偿。本案中，虽然蔡某的房屋没有产权证，但是其系早年在自己宅基地上兴建的自建房，随着城市不断扩张发展而形成处于城市范围内的自建住房。自建房是特定历史阶段形成的，并不能因其建房时没有审批规划而一概认为是违法建筑，不予补偿。本案在人民法院认定强制拆除属于违法后，对蔡某被拆除的房屋判决了相应的经济赔偿，包括房屋损失、搬迁补助费、拆迁奖励费、物品损失等共计1789340元。可见，虽然蔡某的房屋是无审批手续、无产权证明的自建房，但其并不属于违法建筑，征收主管部门应当根据房屋的实际情况给予相应的征收补偿。

找法

《中华人民共和国国家赔偿法》

第二条第一款 国家机关和国家机关工作人员行使职权，有本法规定的侵犯公民、法人和其他组织合法权益的情形，造成损害的，受害人有依照本法取得国家赔偿的权利。

《国有土地上房屋征收与补偿条例》

第二十四条第二款 市、县级人民政府作出房屋征收决定前，应当组织有关部门依法对征收范围内未经登记的建筑进行调查、认定和处理。对认定为合法建筑和未超过批准期限的临时建筑的，应当给予补偿；对认定为违法建筑和超过批准期限的临时建筑的，不予补偿。

《城市房屋拆迁工作规程》

第八条 在取得拆迁许可前，拆迁人应当对拆迁范围内房屋情况进行摸底，区分有产权证与无产权证房屋。

对于未取得房产证但能够证明该房屋是合法拥有的，由所在地房地产管理部门确认后，依法补偿；对于手续不全或者无产权产籍的房屋，应当经有关部门进行合法性认定后，依据相关法律法规处理；对于存在产权或者使用权（承租权）争议的，应当通过民事诉讼后，按照诉讼结果依法补偿。

举一反三

没有审批手续的自建房不等于违章建筑，其作为无证房屋在征收时，征收部门应当综合考虑当时的立法状况、土地利用规划以及有关土地利用政策、房屋建设时间和动机、房屋来源、房屋历史使用情况和现状、居住利益以及当地对该类房屋的补偿政策等因素，综合确定是否补偿以及补偿标准。无视房屋具体情况，一刀切地拒绝补偿的做法是错误的。对于手续不全的被征收房屋，经相关部门了解其建房历史、相关政策等情况后，要依据相关法律依法处理。被征收人在征收中，要积极咨询专业法律服务机构，以避免合法权益受损或增加维权成本。

16 经营性用房被征收的，停产停业损失怎么算？

遇事

2014年1月8日，浙江省某市B区人民政府在《××日报》上发布《B区人民政府关于七区块旧城改造房屋征收范围的公告》，并公布了房屋征收范围图，明确对七区块范围实施征收改造。许某位于该市B区迎宾巷的23号、24号房屋被纳入本次房屋征收范围。2014年9月26日，许某的以上房屋由B区人民政府组织拆除。

许某认为其经营性房屋被拆除导致其原有经营活动停业，因此应当获得房屋被拆除后直至诉讼时全部的停业损失，该损失应当按照每月2万元予以计算。但是B区人民政府只认可许某的经营事实，因许某的以上房屋属于无证建筑，只能按照一般住房进行补偿，因而不予计算停产停业的损失。许某因此提起诉讼要求补偿其停业损失。许某的停产停业损失该不该得到补偿？该停产停业损失又该如何计算？

说法

征收过程中，无论是住宅还是经营性住房，均有可能出现没有进行登记的无证建筑。一般而言，征收机关多会依据《中华人民共和国城乡规划法》等规定，直接认定未经登记的无房产证房屋为违法建筑而拒绝补偿，这种做法是错误的。根据《国有土地上房屋征收与补偿条例》的规定，违法建筑的认定主体、认定程序必须符合法律规定。这也意味着并非只要没有房产证就一概被认定为违法建筑而不予补偿。征收范围内的房屋情况复杂，尤其是城中村或旧城区，存在大量因历史原因未依法办理产权登记或依法未办理审批许可手续的建筑，对征收范围内的此类建筑，政府应当组织有关部门依法进行调查、认定和处理。未经产权登记的房屋并非均属于违法建筑，也并非所有违法建筑都必须拆除而不予补偿。因此，B区人民政府不应当以没有产权证就一概认为是一般房屋，而忽略其实际开展经营活动的现实，而应当依据法律规定，合理确定停产停业损失的金额并予以补偿。

《国有土地上房屋征收与补偿条例》第23条规定，对因征收房屋造成停产停业损失的补偿，根据房屋被征收前的效益、停产停业期限等因素确定。具体办法由省、自治区、直辖市制定。本案发生在浙江省，《浙江省国有土地上房屋征收与补偿条例》第29条第1款规定，征收非住宅房屋造成停产停业损失的，应当根据房屋被征收前的效益、停产停业期限等因素给予补偿。补偿的标准不低于被征收房屋价值的5%，具体标准由设区的市、县（市）人民政府规定。由此，许某的停产停业损失可以依据其23号、24号房屋价值的5%予以计算。

找法

《国有土地上房屋征收与补偿条例》

第二十三条 对因征收房屋造成停产停业损失的补偿，根据房屋被征收前的效益、停产停业期限等因素确定。具体办法由省、自治区、直辖市制定。

第二十五条 房屋征收部门与被征收人依照本条例的规定，就补偿方式、补偿金额和支付期限、用于产权调换房屋的地点和面积、搬迁费、临时安置费或者周转用房、停产停业损失、搬迁期限、过渡方式和过渡期限等事项，订立补偿协议。

补偿协议订立后，一方当事人不履行补偿协议约定的义务的，另一方当事人可以依法提起诉讼。

《国有土地上房屋征收评估办法》

第十四条 被征收房屋价值评估应当考虑被征收房屋的区位、用途、建筑结构、新旧程度、建筑面积以及占地面积、土地使用权等影响被征收房屋价值的因素。

被征收房屋室内装饰装修价值，机器设备、物资等搬迁费用，以及停产停业损失等补偿，由征收当事人协商确定；协商不成的，可以委托房地产价格评估机构通过评估确定。

举一反三

一般而言，能够获得停产停业损失补偿的经营性用房，要符合以下条件：一是被征收房屋要有产权证明或者由相关部门认定为合法建筑；二是要具有合法、有效的营业执照并且载明的住所地为被征收房屋地址；三是已经办理税务登记且有纳税凭证。满足以上条件的房屋在被征收中被认定为经营性用房是没有争议的，但是很多时候因为历史、当地政策等多方原因，有些经营性用房并未进行权属登记，此时不能一概地作为一般住宅进行补偿，而是要根据房屋被征收前的实际效益来确定补偿。同时值得注意的是，征收过程中的停产停业损失，只是补偿因征收给房屋所有权人经营造成的临时性经营困难，具有过渡费用性质，只计算适当期间或者按照房屋补偿金额的适当比例计付，而不是无期限地一直计算下去。因此，房屋所有权人在征收或者被强拆等侵权行为发生后的适当期间，应当及时寻找合适地址重新开展经营活动，而不能将因自身原因未开展经营活动的全部损失，全部由行政机关来承担。

17 承租人的房子在租期内被征收，承租人可以获得停产停业损失补偿吗？

遇事

2016年3月31日，卢某与蒙某签订《租房合同》，约定了租房的主要内容：蒙某将位于该市大江批发市场西南位置的83号面积为55.82平方米的门面房出租给卢某，卢某用于餐饮经营；租期为3年，自2016年5月1日起至2019年4月30日止，租金于每年的3月31日前一次性支付，逾期按每日年租金的10%支付违约金；卢某如果要转让该铺面则需蒙某同意才可以转租；退租时应当恢复隔离墙，修好厕所、水、电、门、基础设施能达到使用程度，任何一方违约需承担违约金20000元。合同签订后，卢某与其朋友杨某在该门面合伙经营农家餐馆，并于2016年11月3日注册登记。

2018年11月，该区政府对包括以上门面在内的所在片区正式启动征收。2019年1月13日，房屋征收补偿安置办公室与房东蒙某签订了《棚户区改造项目商业性用房征收补偿协议书》，作为被征收房屋所有权人，蒙某就其被征收的58.08平方米商业性用房可以获得如下补偿：（1）征收门面套内面积58.08平方米，补偿标准每平方米32000元；（2）房屋装修补偿费33110元；（3）一次性搬家补偿697元；（4）一次性支付停产停业损失补偿费27878元（58.08平方米×80元/平方米×6个月）；（5）搬家奖励5808元等。1月20日，以上门面房被拆除。

2019年1月30日，蒙某将该门面房的搬家费697元、装修费29101元、卢某预交剩余租金14700元，共计44498元支付给与卢某合伙经营的杨某。卢某认为其作为承租人还应该获得停产停业损失补偿费27878元，遂提起诉讼。

一、国有土地上房屋征收与补偿

说法

《国有土地上房屋征收与补偿条例》第2条规定，为了公共利益的需要，征收国有土地上单位、个人的房屋，应当对被征收房屋所有权人给予公平补偿。第17条第1款同时规定，作出房屋征收决定的市、县级人民政府对被征收人给予的补偿包括……（3）因征收房屋造成的停产停业损失的补偿。可见，法律上对于停产停业损失的补偿对象规定为被征收房屋的所有权人。本案中，被征收门面房的停产停业损失补偿费的补偿对象是房屋所有权人蒙某，而非该房屋的承租人卢某。因此，卢某、农家餐馆要求享有或分配蒙某因房屋征收获得的停产经营损失补偿费27878元的主张，没有征收法律关系上的依据。

那么，房屋承租人卢某及其农家餐馆能否在产权人获得停产停业损失补偿金时主张自己的停产停业损失呢？本案中，卢某与蒙某签订了租房合同，约定了3年的承租期，在合同约定租期尚未到期之时，因为征收致使卢某无法继续经营，事实上会产生一定的停产停业损失。但是卢某不是征收中的被征收人，不能获得征收中的停产停业损失补偿，他能否从租房合同法律关系中获得损失补偿或赔偿呢？合同中明确约定了一方违约的应当支付20000元违约金，蒙某没有按照约定期限提供满3年的租赁房屋是否属于承担违约金的违约行为呢？答案是否定的。本案租赁合同不能继续履行，不是蒙某违约所致，而是因政府作出的房屋被征收行为引起，属于不可抗力情形。《中华人民共和国民法典》第180条第1款规定，因不可抗力不能履行民事义务的，不承担民事责任。法律另有规定的，依照其规定。本案中，合同约定的租赁期间为36个月（2016年5月1日至2019年4月30日），双方实际履行租赁合同至2019年1月（1月20日房屋被拆除），尚有4个月无法履行，相较于合同约定的36个月来看，双方实际履行的期间已经较为接近合同约定的租赁期；再结合合同不能履行后的善后情况来看，出租方蒙某在1月30日就将征收补偿款中所涉的门面搬家费697元、装修费29101元以及房屋租赁合同未能履行的剩余租期的租金14700元，共计44498元支付给承租方，及时处理了因不可抗力致使租赁合同不能履行的善后事宜，承租人获得了相应补偿。承租人主张的停产停业损失于法无据。

找法

《中华人民共和国民法典》

第一百八十条 因不可抗力不能履行民事义务的，不承担民事责任。法律另有规定的，依照其规定。

不可抗力是不能预见、不能避免且不能克服的客观情况。

《国有土地上房屋征收与补偿条例》

第二条 为了公共利益的需要，征收国有土地上单位、个人的房屋，应当对被征收房屋所有权人（以下称被征收人）给予公平补偿。

第十七条 作出房屋征收决定的市、县级人民政府对被征收人给予的补偿包括：

（一）被征收房屋价值的补偿；

（二）因征收房屋造成的搬迁、临时安置的补偿；

（三）因征收房屋造成的停产停业损失的补偿。

市、县级人民政府应当制定补助和奖励办法，对被征收人给予补助和奖励。

举一反三

在征收过程中，对于征收经营性用房而产生的停产停业损失补偿费归谁的问题，在理论上以及实际征收过程中，存在较大争议。按照法律的直接规定，该停产停业损失补偿费支付给房屋所有权人是有明确法律依据的，承租该房屋的承租人为了避免其在征收中可能面临的损失，可以寻求其他救济途径。由于承租人在征收中不存在物权法律关系，只与出租人形成合同法律关系，且征收一般属于不可抗力，也不构成承担违约责任的违约事由，因此，承租人可以在合同中事先约定征收或其他客观原因导致承租不能继续时的损失补偿条款，通过合同约定解决停业停产损失的问题。

18 房屋被征收，房屋的价值如何确定？

遇事

2013年7月19日，G区人民政府作出《F市G区人民政府房屋征收决定书》（以下简称32号《征收决定书》）并公告，且G区房管局在2013年3月8日通过公开抽号方式选定了某房地产评估咨询有限公司作为征收房屋补偿价格的评估机构。居某地处G区南营的房屋处于以上征收公告的征收范围内，房屋产权面积为私有面积89.74平方米，共有面积8.30平方米。房屋所有权人居某于2014年6月15日去世，居某去世后，该房屋由其妻李某及其女居某一、居某二共同居住使用。2016年4月7日，居某一、居某二至原东街街道办事处进行协商，但未与G区房管局达成协议。由于李某等3人在征收补偿方案规定的签约期限内未与G区房管局达成征收补偿协议，因此由评估公司对李某等3人被征收房屋和产权调换房屋的房地产市场价格以2013年7月19日作为估价时点进行了评估。2016年5月23日，G区人民政府对李某等3人作出《F市G区人民政府房屋征收补偿决定书》（以下简称13号《补偿决定书》）。李某等3人收到决定书后认为2013年7月19日当时的房价太低了，以此为估价时点进行估价导致其原有房屋价格被大大低估，其在产权调换时承受了极大的市场差价。于是，李某等3人于2016年7月28日向法院提起诉讼，要求重新确定其被征收房屋的价格。

说法

房屋价值的计算是签订征收补偿协议的基础条款，但是拆迁时经常与被征收人无法达成一致，因为房屋价值是由多个因素决定的。在实际征收过程中，往往拆迁时间与补偿时间有较长的时间差，在经济快速发展的今天，房价上涨风险成为事实，此为第一个因素；房产征收选择货币补偿要根据所征收房屋周边房地产价格来参考，此为第二个因素；房产征收选择异地产权置换要考虑所拆房产周边环境、地理位置、面积大小等因素，此为第三个因素。以上几个因素都将成为被征收房屋价格确定的关键原因，在签订补偿协议书时要特别注意。

G区人民政府作出13号《补偿决定书》，确定以产权调换方式进行补偿安置，并以市场评估价方式确定被征收房屋与产权调换房屋的差价，符合相关法律与《国有土地上房屋征收与补偿条例》的规定，应当予以支持；但在无正当理由的情况下，迟延履行补偿安置义务，则应承担房屋价格上涨带来的风险。最终法院责令G区人民政府以征收补偿决定作出的2016年5月23日作为评估时点的市场评估价值为基准，依法确定被征收房屋与产权调换房屋之间的差价款，也就是以最近的时间确定房屋的价值。

找法

《国有土地上房屋征收与补偿条例》

第十九条 对被征收房屋价值的补偿，不得低于房屋征收决定公告之日被征收房屋类似房地产的市场价格。被征收房屋的价值，由具有相应资质的房地产价格评估机构按照房屋征收评估办法评估确定。

对评估确定的被征收房屋价值有异议的，可以向房地产价格评估机构申请复核评估。对复核结果有异议的，可以向房地产价格评估专家委员会申请鉴定。

房屋征收评估办法由国务院住房城乡建设主管部门制定，制定过程中，应当向社会公开征求意见。

第二十条 房地产价格评估机构由被征收人协商选定；协商不成的，通过多数决定、随机选定等方式确定，具体办法由省、自治区、直辖市制定。

房地产价格评估机构应当独立、客观、公正地开展房屋征收评估工作，任何单位和个人不得干预。

举一反三

市、县级人民政府因公共利益征收国有土地上被征收人房屋时,应当对被征收人给予公平补偿,补偿不得低于房屋征收决定公告之日被征收房屋类似房地产的市场价格。类似房地产价格的认定要考虑多重因素,首先是被征收房屋所在区位、真实用途、权利性质、档次、新旧程度、规模、建筑结构等;其次要由具有相应资质的房地产价格评估机构按照房屋征收评估办法对被征收房屋进行评估确定;最后在实践中会存在作出征收公告之日和实际支付货币补偿金额时间差距较大而导致被征收人实际收到补偿款时出现市场大幅涨价,无法购买相应房屋的情况。由于房地产市场价格波动幅度较大,征收公告之日与实际支付补偿之日时间跨度大,会导致被征收人得到的货币补偿金远远低于被征收房屋类似房地产价格,其无法购买新房。因此,在征收补偿中,征收机关应当及时支付补偿金,保证被征收人的合法权益,避免造成更大损失。

一、国有土地上房屋征收与补偿

⑲ 我的房屋被征收，我只能选择拿补偿款吗？

遇事

扫一扫，听案情

说法

《国有土地上房屋征收与补偿条例》第21条第1款规定，被征收人可以选择货币补偿，也可以选择房屋产权调换。本案中，在被征收人与征收机关商谈过程中，征收机关曾经与被征收人就产权调换方式进行过协商，但是双方就产权调换的面积、地点未达成一致意见。《国有土地上房屋征收与补偿条例》第26条第1款规定，房屋征收部门与被征收人在征收补偿方案确定的签约期限内达不成补偿协议的，由房屋征收部门报请作出房屋征收决定的市、县级人民政府依照本条例的规定，按照征收补偿方案作出补偿决定，并在房屋征收范围内予以公告。据此规定，当地人民政府在何某与征收部门征收补偿方案确定的签约期限内无法达成补偿协议的，由有权人民政府按照征收补偿方案作出补偿决定，进行货币补偿。可见，本案中，征收机关一开始是给了何某选择权的，与其就产权调换进行了磋商，只是双方没有达成一致。在政府按照征收补偿方案作出补偿决定环节，由于是单方行政行为，行政机关没有与被征收人就产权调换或者是货币补偿磋商，而是径行作出货币补偿的决定。此举显然侵害了何某的选择权。

找法

《国有土地上房屋征收与补偿条例》

第二十一条第一款、第二款　被征收人可以选择货币补偿，也可以选择房屋产权调换。

被征收人选择房屋产权调换的，市、县级人民政府应当提供用于产权调换的房屋，并与被征收人计算、结清被征收房屋价值与用于产权调换房屋价值的差价。

第二十六条　房屋征收部门与被征收人在征收补偿方案确定的签约期限内达不成补偿协议，或者被征收房屋所有权人不明确的，由房屋征收部门报请作出房屋征收决定的市、县级人民政府依照本条例的规定，按照征收补偿方案作出补偿决定，并在房屋征收范围内予以公告。

补偿决定应当公平，包括本条例第二十五条第一款规定的有关补偿协议的事项。

被征收人对补偿决定不服的，可以依法申请行政复议，也可以依法提起行政诉讼。

举一反三

依照《国有土地上房屋征收与补偿条例》第21条之规定，被征收人在面对征收时，可以选择货币补偿，也可以选择房屋产权调换，并非只能接受货币补偿。如果被征收人需要房屋产权调换，是可以选择房屋产权调换方式进行补偿的。被征收人选择房屋产权调换的，市、县级人民政府应当提供用于产权调换的房屋，并与被征收人计算、结清被征收房屋价值与用于产权调换房屋价值的差价。可见，在遇到房屋拆迁时，被征收人可以选择对自己有利的补偿方式，可以选择货币补偿，也可以选择产权置换，征收方要充分尊重被征收人的意愿。

20 我的房屋被法院查封了,我还能签署征收补偿协议并领取补偿款吗?

遇事

2020年10月15日,因张三未能按时归还债权人李四欠款,A市B区人民法院作出民事判决书,判决张三支付李四钢筋款及违约金577643.45元,负担案件受理费、诉讼保全费、公告费10613元。同年12月30日,李四申请对张三名下的房屋依法进行查封保全,A市B区人民法院作出执行裁定书,查封被告张三位于C县D镇的1-91-3号房屋。

2021年5月30日,C县人民政府发布征收公告,征收范围涵盖张三被查封的上述房屋,征收部门为C县住房和城乡建设局,实施单位为C县D镇人民政府。2021年9月30日,C县D镇人民政府与张三签订《房屋和土地征收补偿协议》一份,约定C县D镇人民政府给付张三房屋和土地征收补偿费656910元、搬迁补偿费1000元、临时安置费10800元,张三必须在2021年10月20日前对确定被征收的所有建筑物及其附属物自行拆除;2021年10月20日内完成搬迁的,按房屋及土地补偿的5%进行奖励。张三还有权签订征收补偿协议并收取以上补偿款吗?

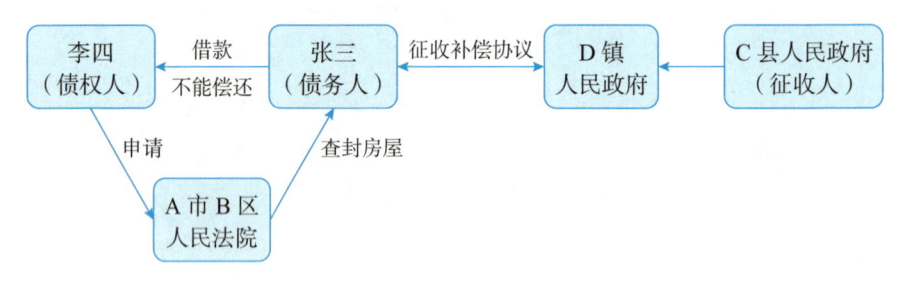

说法

本案中,张三因为其他民事纠纷而被法院查封其房产,后该房产被纳入征收范围。法院查封房产的目的是限制当事人交易或者限制当事人领取交易对价，以保障原有债权人的合法权益得以实现。但是法院查封房屋不等于没收，并没有剥夺当事人对自己房产或者土地的所有权。根据《最高人民法院关于人民法院民事执行中查封、扣押、冻结财产的规定》第22条规定，查封、扣押、冻结的财产灭失或者毁损的，查封、扣押、冻结的效力及于该财产的替代物、赔偿款。可见，查封的效力在于保障诉讼权益的实现，而非处分被查封财产或者剥夺被查封财产的所有权。本案中，张三与C县人民政府签订征收补偿协议之前其房屋已被A市B区人民法院查封，但是张三并未丧失房屋的所有权，其依旧有权作为房屋所有权人与政府签订征收补偿协议。只不过张三在查封房屋被拆迁后不能随意处分补偿款，这是因为，查封的效力及于该财产的赔偿款，张三虽然签订了《房屋和土地征收补偿协议》，且该协议是双方真实意思表示，不违反法律的强制性规定，系合法有效的合同，但是由于该补偿款被保全，所以张三并不能依照补偿协议领取补偿款自行支配，而是由执行机关将补偿款优先用于支付张三所欠李四的债务。

找法

《中华人民共和国宪法》

第十三条 公民的合法的私有财产不受侵犯。

国家依照法律规定保护公民的私有财产权和继承权。

国家为了公共利益的需要，可以依照法律规定对公民的私有财产实行征收或者征用并给予补偿。

《中华人民共和国民法典》

第一百四十三条 具备下列条件的民事法律行为有效：

（一）行为人具有相应的民事行为能力；

（二）意思表示真实；

（三）不违反法律、行政法规的强制性规定，不违背公序良俗。

第二百二十九条 因人民法院、仲裁机构的法律文书或者人民政府的征收决定等，导致物权设立、变更、转让或者消灭的，自法律文书或者征收决定等生效时发生效力。

《最高人民法院关于人民法院民事执行中查封、扣押、冻结财产的规定》

第二十二条 查封、扣押、冻结的财产灭失或者毁损的，查封、扣押、冻结的效力及于该财产的替代物、赔偿款。人民法院应当及时作出查封、扣押、冻结该替代物、赔偿款的裁定。

举一反三

房屋被查封并不影响政府征收行为，也不影响被征收房屋产权人依法签订补偿协议，房屋产权人有权与政府部门签署房屋征收补偿协议。但在征收过程中，因为被征收房屋将被拆除，原有房屋或者转化为产权调换后的新的房屋，或者转换为征收补偿款，无论是哪种形式，都不能免除原房屋被查封保全的功能，人民法院应当及时作出查封、扣押、冻结该替代物、赔偿款的裁定。因此，当查封房屋被拆迁时，房屋所有权人并不能依照补偿协议领取补偿款，而由人民法院冻结该补偿款；如果征收补偿协议约定了产权调换，则新获得房屋也应当由人民法院查封保全。

一、国有土地上房屋征收与补偿

> **㉑ 我的房屋被征收后，房屋所占的土地也一同被征收了吗？**

遇事

甲物业公司在A市B区321国道侧有5729.92平方米的房屋。2016年7月，B区人民政府成立城市化改造二期（B区段）征地拆迁工作小组具体实施相关征拆工作。甲物业公司的以上房屋处于征收范围。2017年1月13日，征地拆迁工作小组与甲物业公司签订一份《土地、房屋及附着物征收补偿协议》，将甲物业公司的5729.92平方米房屋以及208.1平方米土地予以征收，约定了补偿款、房屋拆迁期限等。协议签订后，各方依约履行完毕。

后甲物业公司发现B区人民政府在未履行征地手续的情形下将属于甲公司的1476.08平方米土地建成道路并使用，甲物业公司认为B区人民政府未经征收而使用其建设用地使用权的行为违法，遂起诉B区人民政府未履行征地手续而将甲物业公司1476.08平方米土地建成道路并使用的行政行为违法。

说法

《国有土地上房屋征收与补偿条例》第13条第3款规定，房屋被依法征收的，国有土地使用权同时收回。甲物业公司拥有5729.92平方米的房屋需要依附于土地，房屋作为不动产是无法与其依附的土地相分离的，因此，我国确定了"房随地走，地随房走"的"房地一致"原则。也就是说，在对国有土地上的房屋进行征收时，房屋所附着的建设用地使用权也应当一并收回，不再属于房屋所有权人使用。本案中，B区人民政府在依法征收甲公司国有土地上的房屋时，只对房屋所占用的1476.08平方米土地中的208.1平方米土地签订了征收补偿协议，显然违反了《国有土地上房屋征收与补偿条例》第13条第3款之规定，而应当将5729.92平方米房屋和1476.08平方米土地一并收回。

遇事找法 房屋拆迁、补偿、安置纠纷一站式法律指引

找法

《中华人民共和国宪法》

第十条第三款 国家为了公共利益的需要，可以依照法律规定对土地实行征收或者征用并给予补偿。

第十三条第三款 国家为了公共利益的需要，可以依照法律规定对公民的私有财产实行征收或者征用并给予补偿。

《国有土地上房屋征收与补偿条例》

第十三条第三款 房屋被依法征收的，国有土地使用权同时收回。

举一反三

《国有土地上房屋征收与补偿条例》明确了房屋被依法征收的，国有土地使用权同时收回。因此，当房屋被征收时，即使征收机关作出的征收决定中并未涉及房屋所占用的土地，房屋所有权人也因房屋所有权的丧失而失去了房屋所占用的国有土地使用权，房屋所有权人不再享有对国有土地使用权的相应权能。

一、国有土地上房屋征收与补偿

22 我的房屋被征收，房屋所占用的土地使用权应该如何补偿？

遇事

2021年6月19日，B区人民政府作出《A市B区人民政府房屋征收决定书》并公告，张三继承而来的房屋在公告的征收范围之内。2021年6月24日，在A市公证处的监督下，B区房屋征收管理办公室召开了"铁南棚户区改造（二期）住宅房屋征收公开选定评估机构会议"，并确定甲房地产评估有限责任公司（以下简称甲评估公司）为本案被征收房屋的评估机构。2021年6月28日，B区房屋征收管理办公室与甲评估公司签订了《房地产评估委托合同》，据此，甲评估公司开始对该征收范围内涉及的征收房屋等财产进行评估。经实地查勘，张三之子张四在《现场查勘记录》上签字确认，后经初步评估和分析测算，甲评估公司于2021年7月15日出具了《房屋征收估价报告》，并于2021年11月6日向张三送达。

其间，征收工作组与张三多次协商未达成补偿协议，B区人民政府于2022年2月13日作出征收补偿决定。以上征收补偿决定于2022年3月11日送达张三。张三收到补偿决定后不服，认为征收补偿决定中只补偿了房屋及其附属物和搬迁费用，对房屋所占的国有土地使用权并未进行补偿，遂提起诉讼。

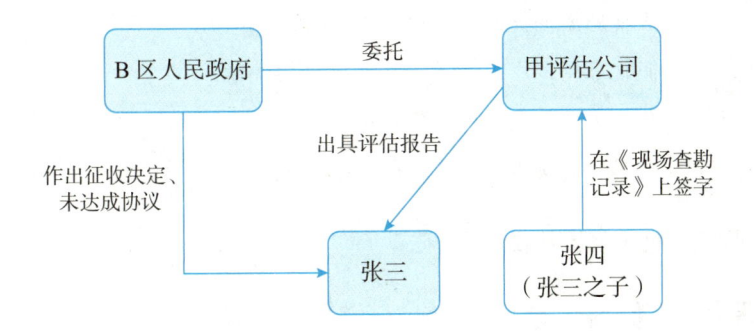

069

说法

《国有土地上房屋征收与补偿条例》第13条第3款规定，房屋被依法征收的，国有土地使用权同时收回。《中华人民共和国民法典》第327条也规定，因不动产或者动产被征收、征用致使用益物权消灭或者影响用益物权行使的，用益物权人有权依法获得相应补偿。可见，房屋所有权人在其房屋被征收的过程中，国有土地使用权同时被收回，如果该土地使用权尚未到期，是应当获得相应补偿的。《国有土地上房屋征收评估办法》第14条第1款规定，被征收房屋价值评估应当考虑被征收房屋的区位、用途、建筑结构、新旧程度、建筑面积以及占地面积、土地使用权等影响被征收房屋价值的因素。可见，《国有土地上房屋征收评估办法》对被征收房屋价值评估时已经考虑到了房屋所附着的土地使用权对房屋价值的影响，也就是说，评估机构所评估出的价格及评估报告中对房屋价值的评估已经考虑了被征收房屋占用土地的土地使用权因素，而无须对房屋所占用的国有土地使用权进行单独补偿。

找法

《国有土地上房屋征收与补偿条例》

第十三条第三款 房屋被依法征收的，国有土地使用权同时收回。

第十七条 作出房屋征收决定的市、县级人民政府对被征收人给予的补偿包括：

（一）被征收房屋价值的补偿；

（二）因征收房屋造成的搬迁、临时安置的补偿；

（三）因征收房屋造成的停产停业损失的补偿。

市、县级人民政府应当制定补助和奖励办法，对被征收人给予补助和奖励。

《国有土地上房屋征收评估办法》

第十一条第一款 被征收房屋价值是指被征收房屋及其占用范围内的土

一、国有土地上房屋征收与补偿

地使用权在正常交易情况下,由熟悉情况的交易双方以公平交易方式在评估时点自愿进行交易的金额,但不考虑被征收房屋租赁、抵押、查封等因素的影响。

第十四条第一款 被征收房屋价值评估应当考虑被征收房屋的区位、用途、建筑结构、新旧程度、建筑面积以及占地面积、土地使用权等影响被征收房屋价值的因素。

举一反三

国有土地上的个人房屋具有房屋所有权以及对应的国有土地使用权两个权利。按照《国有土地上房屋征收与补偿条例》的规定,对国有土地上的房屋进行征收时,其占用的国有土地使用权一并收回。这里看上去应当包括对于房屋所有权和国有土地使用权两个权利的补偿问题。对此,《国有土地上房屋征收评估办法》第14条明确规定,土地使用权是被征收房屋价值评估时的影响因素之一,换言之,由于房屋与其所占用的土地无法分开,因此人们购买房屋时的房价中自然包括人们对土地使用权的期待,人们在购房时也并不会区分房屋的价值和房屋所占用的国有土地使用权的价值。为此,房屋拆迁时,评估机构对房地产价值估价也与日常房地产交易习惯保持一致,在对房屋价值的估价中包含了对于国有土地使用权剩余年限所对应价值的估算,不会再对国有土地使用权部分进行单独补偿。

遇事找**法** 房屋拆迁、补偿、安置纠纷一站式法律指引

㉓ 调查房屋权属及现状的时候，我们应该递交哪些证明材料？

遇事

扫一扫，听案情

> 我听说咱们这一片要进行旧城改造了。

> 我们是政府工作人员，来您家是想调查一下您的房屋权属情况。

> 好。

公告栏 ××区域旧城改造征收公告

> 咱们应该提交哪些证明材料，才能最大程度保护自身权益？

> 我也不清楚啊。

072

一、国有土地上房屋征收与补偿

说法

《国有土地上房屋征收与补偿条例》第15条规定，房屋征收部门应当对房屋征收范围内房屋的权属、区位、用途、建筑面积等情况组织调查登记，被征收人应当予以配合，调查结果应当在房屋征收范围内向被征收人公布。可见，被征收人的房屋在被征收前，房屋征收部门要对该房屋的权属、区位、用途、建筑面积等情况调查登记，这些信息将作为后续评估房屋价值进行安置补偿的重要依据。具体而言，这个调查包括核实土地来源是否合法、占地是否超出规定的范围，建筑物有没有加层、超面积、改结构、改用途等情况，房地产是否经过登记，权利人构成、权利性质、权属来源、取得时间、使用年限、权利状况、变化情况和用途、价值、等级、座落。能够证明以上事实的证据材料主要包括以下几类：（1）不动产权证；（2）宅基地使用证、村镇房屋所有权证书；（3）房屋共有权证；（4）法院的判决书、调解书（就是通过法院的判决或调解获得的房产，遇到征收时也照样能获得安置补偿）；（5）结婚证或离婚证，或者法院的离婚调解书、判决书等对房屋权属的分割证明法律文书；（6）如果是继承的房屋则需要提供遗嘱、户口簿或者法院处理遗产继承纠纷的法律文书等。

找法

《中华人民共和国民法典》

第二百一十六条　不动产登记簿是物权归属和内容的根据。不动产登记簿由登记机构管理。

第二百一十七条　不动产权属证书是权利人享有该不动产物权的证明。不动产权属证书记载的事项，应当与不动产登记簿一致；记载不一致的，除有证据证明不动产登记簿确有错误外，以不动产登记簿为准。

第二百二十九条　因人民法院、仲裁机构的法律文书或者人民政府的征收决定等，导致物权设立、变更、转让或者消灭的，自法律文书或者征收决定等生效时发生效力。

《中华人民共和国城市房地产管理法》

第六十条　国家实行土地使用权和房屋所有权登记发证制度。

第六十三条　经省、自治区、直辖市人民政府确定，县级以上地方人民政府由一个部门统一负责房产管理和土地管理工作的，可以制作、颁发统一的房地产权证书，依照本法第六十一条的规定，将房屋的所有权和该房屋占用范围内的土地使用权的确认和变更，分别载入房地产权证书。

《国有土地上房屋征收与补偿条例》

第十五条　房屋征收部门应当对房屋征收范围内房屋的权属、区位、用途、建筑面积等情况组织调查登记，被征收人应当予以配合，调查结果应当在房屋征收范围内向被征收人公布。

举一反三

房屋征收中对房屋权属及现状调查中最为核心的证明材料是不动产权利证书。不动产权利证书对于房屋的所有权人、共有情况、取得时间、房屋面积、用途、结构等内容进行了详细记载，是证明不动产权属的最直接证据。但很多时候，可能存在房屋没有办理不动产权利证书的情形，此时房屋被征收的话，可以提供购房合同、付款凭证、自建房屋审批文件、建设文件、建设合同、工程款支付凭证等，如果是原来农村的老房子，还可以提供宅基地使用证、集体土地使用证等土地权属证明或者是村集体出具的证明材料。除此之外，如果房屋权利人存在离婚、继承等情形的，还可以提供离婚协议、遗嘱、法院判决书、调解书等法律文书用以证明房屋的权属状况。

一、国有土地上房屋征收与补偿

> **24** 被征收人选择产权调换的，要考虑哪些影响房屋价值的因素？

遇事

2021年9月16日，B区人民政府作出《肉联厂及周边棚户区改造项目征收决定》，确定了征收范围。张三的房屋产权登记建筑面积为66.81平方米，登记房屋用途为住宅，位于此次征收范围内。甲公司接受B区征收办的委托后对张三案涉被征房屋进行了估价，确定张三的房屋在估价时点（2021年9月16日）评估单价为每平方米7852元，总价524592元。2022年6月5日，B区征收办依据甲公司的估价报告，对张三作出房屋征收补偿方案，提供了货币补偿和房屋产权调换两种补偿方式供其选择。其中，B区征收办提供的产权调换方式是提供位于B区东方新城M3栋建筑面积为90.92平方米的606号期房，作为产权调换房屋供被征收人选择。由于产权调换房屋的价值与被征房屋的价值存在价值差，故遵循等价交换原则进行结算，找补差价。根据甲公司2021年12月26日作出的评估报告，用于产权调换的606号房屋评估单价为每平方米7396元，房屋评估总价值为672444元；而根据2021年9月16日估价时点对被拆除房屋的评估单价为每平方米7852元，总价524592元，房屋存在147852元差价。2022年7月20日，B区人民政府将房屋征收补偿方案、产权调换房评估报告送达给张三，张三接受了产权调换征收补偿方式。

后张三与亲戚交流后认为，他原有被征收房屋处于火车站旁中心城区，而B区人民政府提供的用于产权调换的房屋则是位于二环以外的期房，位置相差悬殊，严重违背了《国有土地上房屋征收与补偿条例》，故向法院提起诉讼。

说法

《国有土地上房屋征收与补偿条例》明确规定了房屋征收中的产权调换

补偿方式。该条例第21条第3款规定，因旧城区改建征收个人住宅，被征收人选择在改建地段进行房屋产权调换的，作出房屋征收决定的市、县级人民政府应当提供改建地段或者就近地段的房屋。据此规定，产权调换时可以调换被征收地段建设后形成的房屋，也可以选择就近地段的其他房屋。但一般而言，因规划变更等原因，被征收房屋原址很难建设与被征收房屋用途一致的建筑物，实践中，征收部门多数会在被拆除地段周边就近地段提供可供选择的房屋。一般会综合考虑城市规模、交通状况、安置房源的数量和户型面积要求等实际因素，由房屋征收部门与被征收人在征收补偿方案征求意见过程中确定。本案中，被征收房屋位于火车站附近，虽处于中心地段，但是其房屋面积仅为66.81平方米，评估总价524592元；用于产权调换的房屋虽比原有房屋地段偏僻，但是属于新建房屋，其单价低于原有房屋估价，由于建筑面积变为90.92平方米，房屋总价估值为672444元。综合考虑两套房屋的面积、价值、距离等情况，征收部门作出了以上征收补偿方案，且张三也予以接受，事后张三又以位置差距过大为由反悔是无法得到法院支持的。

找法

《国有土地上房屋征收与补偿条例》

第二十一条 被征收人可以选择货币补偿，也可以选择房屋产权调换。

被征收人选择房屋产权调换的，市、县级人民政府应当提供用于产权调换的房屋，并与被征收人计算、结清被征收房屋价值与用于产权调换房屋价值的差价。

因旧城区改建征收个人住宅，被征收人选择在改建地段进行房屋产权调换的，作出房屋征收决定的市、县级人民政府应当提供改建地段或者就近地段的房屋。

第二十五条 房屋征收部门与被征收人依照本条例的规定，就补偿方式、补偿金额和支付期限、用于产权调换房屋的地点和面积、搬迁费、临时安置费或者周转用房、停产停业损失、搬迁期限、过渡方式和过渡期限等事项，订立补偿协议。

补偿协议订立后，一方当事人不履行补偿协议约定的义务的，另一方当事人可以依法提起诉讼。

举一反三

一般而言，因旧城区改建征收个人住宅的，原址回迁难度较大，因旧城改造往往会重新作出城市规划，原有地段新建房屋的用途、容积率等都有可能发生变化。当然，如果存在原址回迁的可能，被征收人可以选择在改建地段的房屋作为补偿。异地回迁的，一般应考虑城市规模、交通状况、安置房源的数量和户型面积要求等实际因素，由房屋征收部门与被征收人、公有房屋承租人在征收补偿方案征求意见过程中确定。被征收人、公有房屋承租人在征收补偿程序中未在征收补偿方案确定的就近地段选择安置的，房屋征收部门可以结合房屋征收补偿法律规定，被征收房屋的套型、面积和价值，被征收房屋与安置房源的匹配程度，以及当地对居住困难户的优先保障安置方案等因素，选择更有利于保障被征收人居住权的房屋进行安置。

遇事找法 房屋拆迁、补偿、安置纠纷一站式法律指引

25 遭遇暴力拆迁的，我们该怎么办？

遇事

扫一扫，听案情

老李，咱们的房子要被征收了，咱们一起去趟征收部门吧。

好。

请你们在10日内选择补偿方式，同时要在30日内搬出去，交付被征收房屋。

时间太紧了吧！

今天谁也休想拆我的房！

未经我们同意就拆了我们的房，应赔偿我们过渡费和家具家电的损失！

078

说法

本案属于征收中采取强制手段迫使被征收人搬离的"暴力拆迁"情形。

本案中,张三、李四未主动履行搬迁义务,当地政府已经向人民法院申请强制执行,并获得了人民法院的裁决。从实体上来看,对张三、李四的房屋进行强制拆除是有法律依据的。但是政府的行政行为合法性并非仅仅针对实体,程序合法也是行政执法的基本原则之一。行政机关作出任何行政行为,均应按照相应的法定程序进行。行政机关强制执行国有土地上房屋征收补偿决定、拆除被征收房屋,手段、方式必须科学适中,应做到文明、规范、公正、有序,不得采取停止供水等破坏民生手段迫使当事人搬迁、履行相关行政决定。行政强制执行的对象是建筑物本身,而建筑物内可重复利用的附属设施及建筑物内的物品,应属于当事人合法财产,在实施强制拆除时应当对拆迁现场进行证据保全,并采用公证、见证等方式,对所有物品逐一核对清点登记分类造册、制作现场笔录、妥善保管并及时移交,确保强制拆除不损害被征收人的合法权益。本案中,B区人民政府对张三、李四的房屋在拆除中"采取断水、断电、断暖气等非法手段逼迫原告搬迁",且"因野蛮拆除,损坏了原告家具、家电等",违反了《中华人民共和国行政强制法》《国有土地上房屋征收与补偿条例》的规定,应被确认是违法行为。

此外,本案中,B区人民政府采用中断供电、供热等非法方式迫使被征收人张三、李四搬迁;B区人民政府在实施强拆时,暴力强拆,造成张三、李四家具、家电等合法财产损失。因此,B区人民政府应当依法予以赔偿。

找法

《中华人民共和国行政强制法》

第四十三条 行政机关不得在夜间或者法定节假日实施行政强制执行。

但是，情况紧急的除外。

行政机关不得对居民生活采取停止供水、供电、供热、供燃气等方式迫使当事人履行相关行政决定。

《国有土地上房屋征收与补偿条例》

第二十七条第三款 任何单位和个人不得采取暴力、威胁或者违反规定中断供水、供热、供气、供电和道路通行等非法方式迫使被征收人搬迁。禁止建设单位参与搬迁活动。

第三十一条 采取暴力、威胁或者违反规定中断供水、供热、供气、供电和道路通行等非法方式迫使被征收人搬迁，造成损失的，依法承担赔偿责任；对直接负责的主管人员和其他直接责任人员，构成犯罪的，依法追究刑事责任；尚不构成犯罪的，依法给予处分；构成违反治安管理行为的，依法给予治安管理处罚。

举一反三

暴力拆迁如何维权？

1. 及时报警。在房屋征收过程中，被征收人遇到了威胁、殴打等暴力手段的，被征收人应在第一时间拨打110报警电话，在公安出警后索要出警记录回执单。

2. 注意取证。（1）形成评估报告。若资产较多可委托有资质的评估公司制作评估报告，对资产进行登记，确定资产价值；（2）罗列清单。在征收前提前制作财产清单，对一切有形资产进行登记；（3）形成录像证据。使用拍摄记录的方式取证，拍摄时应当保证视频的连续性、完整性，尽量客观反映房屋的内外部格局、状况及物品陈列情况。

3. 依法起诉。当被征收人认为权利受到侵害时，应当及时向人民法院提起诉讼，请求侵权人赔偿损失，以维护自己的合法权益。

一、国有土地上房屋征收与补偿

26 被征收房屋存在继承情形，如何签署征收补偿协议？

遇事

张三与李四系夫妻，生育子女张红、张蓝和张紫，拥有房屋五处，包括登记在张三名下的35.62平方米房屋及分别为28.6平方米、31.36平方米、24平方米、75平方米的四处无证房屋。张三于2005年死亡，以上房屋一直未办理过户登记。

2020年10月21日，A市人民政府作出《棚户区地块房屋征收的决定》。现由李四居住的以上一处登记房产和四处无证房产均在该征收区域内。经相关部门调查认定，四处无证房屋中28.6平方米、31.36平方米房产为合法临时建筑，24平方米和75平方米房产为违章建筑。2020年11月15日，评估公司对以上房屋价值进行评估，并作出房地产征收估价报告，并于12月21日将评估报告送达李四，李四未提出复估申请。后因双方当事人未能达成征收补偿协议，A市政府于2020年12月22日作出《对李四房屋征收补偿的决定》，李四认为这个决定漏列了其他当事人，剥夺了子女的合法权益，起诉至法院。

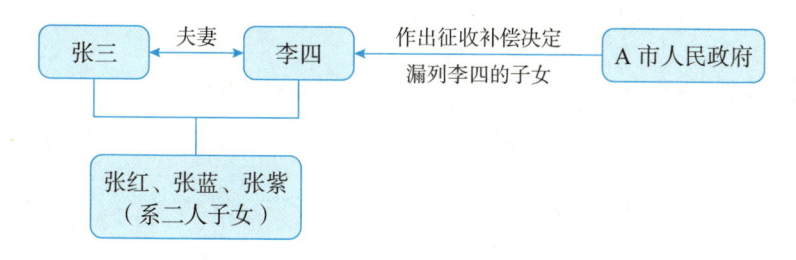

```
张三 ←夫妻→ 李四  ←作出征收补偿决定/漏列李四的子女—  A市人民政府
      │
  张红、张蓝、张紫
   （系二人子女）
```

说法

征收部门依法与房屋所有权人签署协议，房屋产权证书上登记的产权人为被征收人。根据《国有土地上房屋征收与补偿条例》第2条规定："为了公

081

共利益的需要，征收国有土地上单位、个人的房屋，应当对被征收房屋所有权人（以下称被征收人）给予公平补偿。"第26条第1款规定："房屋征收部门与被征收人在征收补偿方案确定的签约期限内达不成补偿协议，或者被征收房屋所有权人不明确的，由房屋征收部门报请作出房屋征收决定的市、县级人民政府依照本条例的规定，按照征收补偿方案作出补偿决定，并在房屋征收范围内予以公告。"据此，征收人在征收国有土地上个人的房屋时，应当对被征收房屋所有权人进行公平补偿。签约期限内未达成补偿协议的，征收人作出房屋征收补偿决定时，一般应当以被征收房屋权属证书上载明的所有权人作为被征收人。对于被征收房屋权属证书上载明的所有权人死亡且涉及继承的，在房屋征收补偿决定中如何列明被征收人，相关法律法规没有明确规定。因继承可能同时存在多种法定情形，要求征收人查明情况，确实存在现实困难，也不利于征收补偿效率和征收补偿法律关系的稳定。因此，征收人在作出房屋征收补偿决定时，可根据实际情况，将房屋共有人确定为被征收人，而无须查明继承事项，将所有的继承人均列为被征收人。征收人作出征收补偿决定后，相关继承人可以就补偿所得自行分配或通过民事法律程序解决。

本案中，被征收房屋登记在张三名下，但张三与李四系夫妻，该房屋属于夫妻共有财产。张三死亡后，A市人民政府在房屋征收补偿决定中仅将李四列为被征收人，并不违反法律规定。

找法

《中华人民共和国民法典》

第二百三十条 因继承取得物权的，自继承开始时发生效力。

《国有土地上房屋征收与补偿条例》

第二条 为了公共利益的需要，征收国有土地上单位、个人的房屋，应当对被征收房屋所有权人（以下称被征收人）给予公平补偿。

第二十五条第一款 房屋征收部门与被征收人依照本条例的规定,就补偿方式、补偿金额和支付期限、用于产权调换房屋的地点和面积、搬迁费、临时安置费或者周转用房、停产停业损失、搬迁期限、过渡方式和过渡期限等事项,订立补偿协议。

第二十六条第一款 房屋征收部门与被征收人在征收补偿方案确定的签约期限内达不成补偿协议,或者被征收房屋所有权人不明确的,由房屋征收部门报请作出房屋征收决定的市、县级人民政府依照本条例的规定,按照征收补偿方案作出补偿决定,并在房屋征收范围内予以公告。

《最高人民法院关于适用〈中华人民共和国民法典〉物权编的解释(一)》

第八条 依据民法典第二百二十九条至第二百三十一条规定享有物权,但尚未完成动产交付或者不动产登记的权利人,依据民法典第二百三十五条至第二百三十八条的规定,请求保护其物权的,应予支持。

举一反三

政府在进行征收补偿时,可仅将实际已查明的房屋共有人或继承人确定为被征收人,针对被征收房屋作出整体的补偿。即使政府在征收补偿时认定被征收人出现多列或者少列的情况,都不影响对该被征收房屋的整体补偿利益。在政府征收补偿后,如果相关继承人认为政府列明的被征收人有误,在家庭内部无法协商一致的,可以通过民事诉讼要求分割征收补偿利益。

遇事找法 房屋拆迁、补偿、安置纠纷一站式法律指引

㉗ 未成年人名下的房屋被拆迁时如何签署征收补偿协议？

遇事

张三拥有两处坐落于A市B区的房屋，一套建筑面积为89.08平方米，另一套建筑面积为124.38平方米。2011年4月2日，张三将上述房屋赠与其6岁的儿子李四，并将房屋过户到李四名下。

2021年2月，A市人民政府启动东南关棚户区改造项目。李四的房屋位于上述征收范围内。2021年5月10日，李四与负责组织房屋征收工作的A市B区房屋征收管理办公室签订《房屋征收补偿协议》一份，约定李四将现有房屋中89.08平方米的有证房屋置换回迁安置楼房两套共158.33平方米，张三及李四补交房款差价143414元。签约后，李四在征收须知上签字确认。

张三认为补偿方案不合理，且认为李四系限制民事行为能力人，其签订的《房屋征收补偿协议》应属无效。于是，张三于2021年11月7日以李四的名义向法院提起诉讼，请求确认李四签订的《房屋征收补偿协议》无效。

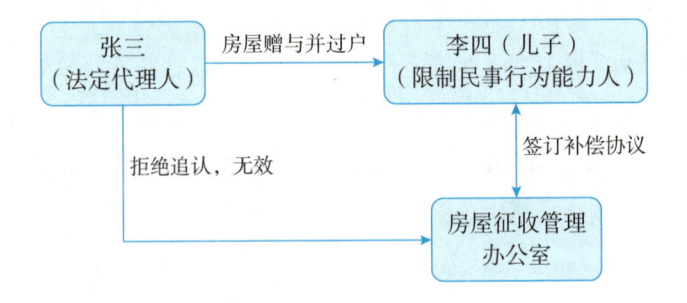

```
张三                房屋赠与并过户        李四（儿子）
（法定代理人）  ──────────────→   （限制民事行为能力人）
     │                                        │
     │ 拒绝追认，无效                         │ 签订补偿协议
     │                                        ↓
     └──────────────────────→   房屋征收管理
                                       办公室
```

说法

本案涉及限制民事行为能力人签订的合同是否有效的问题。《中华人民

084

共和国民法典》第19条规定，8周岁以上的未成年人为限制民事行为能力人，实施民事法律行为由其法定代理人代理或者经其法定代理人同意、追认。本案中，签订协议时李四16岁，为未成年人，属于限制民事行为能力人，其与A市B区房屋征收管理办公室签订的《房屋征收补偿协议》需要经过其法定代理人张三的同意，在张三未追认前该协议不产生效力。张三明确表示该补偿方案不合理，拒绝追认该协议，因此该协议因未得到被征收人法定代理人的同意而不产生法律约束力。

找法

《中华人民共和国民法典》

第十九条 八周岁以上的未成年人为限制民事行为能力人，实施民事法律行为由其法定代理人代理或者经其法定代理人同意、追认；……

第二十条 不满八周岁的未成年人为无民事行为能力人，由其法定代理人代理实施民事法律行为。

第三十五条第一款、第二款 监护人应当按照最有利于被监护人的原则履行监护职责。监护人除为维护被监护人利益外，不得处分被监护人的财产。

未成年人的监护人履行监护职责，在作出与被监护人利益有关的决定时，应当根据被监护人的年龄和智力状况，尊重被监护人的真实意愿。

第一百四十四条 无民事行为能力人实施的民事法律行为无效。

第一百四十五条第一款 限制民事行为能力人实施的纯获利益的民事法律行为或者与其年龄、智力、精神健康状况相适应的民事法律行为有效；实施的其他民事法律行为经法定代理人同意或者追认后有效。

第一百五十五条 无效的或者被撤销的民事法律行为自始没有法律约束力。

举一反三

一般而言，未成年人不具备独立签订合同的能力，其签订的合同因不具备合同生效要件而不产生法律效力，需要其法定代理人对此进行追认。所以，当被征收人属于无民事行为能力人或者限制民事行为能力人时，应当由其法定代理人代替其签订安置补偿协议，或者经法定代理人同意、追认后该协议才有效。

28 征收房屋价值评估时，包含房屋中的家具家电吗？

遇事

张三于1988年12月1日与A市某村签订《征用土地建房协议书》，获得一块建房地基。1990年1月12日，张三向该村支付建房地基款及青苗补偿款1000元。1995年2月20日，张三、李四取得了该176.32平方米地块的建房土地使用权证，同年建成砖混结构三层住宅楼房一栋，面积为522.42平方米，并于2002年7月18日办理了房屋产权证书。2008年7月，A市人民政府决定对该区域进行征收，张三、李四的自建房屋属征迁对象。征收机关与二人就房屋征收补偿进行多次协商，因补偿金额差距较大，一直未能达成补偿安置协议。

2014年10月1日，该房屋被当地强行拆除。张三、李四于2016年2月以A市人民政府为被告起诉，请求确认A市人民政府拆除其房屋的行为违法，并判令A市人民政府赔偿其各项经济损失3914520元。A市人民政府于2016年10月27日就张三、李四被拆房屋的市场价值向一审法院申请司法鉴定，2017年6月22日司法鉴定报告认为估价房屋及装修价值分别为1989898元和78363元，合计2068261元。张三、李四认为以上房屋价值与装修价值未包括其家具家电损失，不予认可。那么，拆迁时被征收人房屋内的家具家电应当获得相应补偿吗？

说法

本案中，张三、李四主张A市人民政府赔偿其房屋征收各项损失3914520元，但是并未列明以上损失的具体内容。依据《最高人民法院关于审理行政赔偿案件若干问题的规定》第11条第1款规定："行政赔偿诉讼中，原告应当对行政行为造成的损害提供证据；因被告的原因导致原告无法举证的，由被告承担举证责任。"但是在本案中，张三、李四对其主张的房屋征收各项损失3914520元未提供证据予以证明。因此，人民法院没有支持赔偿其房屋征收各项损失3914520元的诉讼请求。

但是，张三、李四的上述房屋被征收是事实，应当对其征收损失予以补偿。依据《国有土地上房屋征收与补偿条例》第2条和第17条第1款规定，为了公共利益的需要，征收国有土地上单位、个人的房屋，应当对被征收房屋所有权人给予公平补偿。作出房屋征收决定的市、县级人民政府对被征收人给予的补偿包括：（1）被征收房屋价值的补偿；（2）因征收房屋造成的搬迁、临时安置的补偿；（3）因征收房屋造成的停产停业损失的补偿。根据上述规定，A市人民政府应当对作为被征收人的张三、李四进行上述三项补偿，但张三起诉的3914520元经济损失中包含的所谓家具家电费用是不予补偿的。

找法

《国有土地上房屋征收与补偿条例》

第二条 为了公共利益的需要，征收国有土地上单位、个人的房屋，应当对被征收房屋所有权人（以下称被征收人）给予公平补偿。

第十七条 作出房屋征收决定的市、县级人民政府对被征收人给予的补偿包括：

（一）被征收房屋价值的补偿；

（二）因征收房屋造成的搬迁、临时安置的补偿；

（三）因征收房屋造成的停产停业损失的补偿。

市、县级人民政府应当制定补助和奖励办法，对被征收人给予补助和奖励。

第十九条第一款 对被征收房屋价值的补偿，不得低于房屋征收决定公告之日被征收房屋类似房地产的市场价格。被征收房屋的价值，由具有相应资质的房地产价格评估机构按照房屋征收评估办法评估确定。

第二十条 房地产价格评估机构由被征收人协商选定；协商不成的，通过多数决定、随机选定等方式确定，具体办法由省、自治区、直辖市制定。

房地产价格评估机构应当独立、客观、公正地开展房屋征收评估工作，任何单位和个人不得干预。

举一反三

在对征收房屋进行评估时，评估范围并不包含房屋中的家具家电，家具家电与房屋不同，属于动产，完全可以通过搬迁的方式搬离，不是非要拆除。但是值得注意的是，在征收单位强制拆除时，如果对房屋内的家具家电没有采取相应措施而导致损害的，则征收单位有可能面临赔偿。

29 房屋征收时政府提供的调换房屋离城区特别远，我该怎么办？

遇事

2017年5月17日，A县人民政府作出《关于对××寺周边棚户区改造房屋征收决定的公告》，划定棚户区征收范围，任某某位于某住宅小区的房屋在征收范围内。A县人民政府于2017年12月26日对任某某作出《房屋征收补偿决定书》，只提供了产权调换一种补偿方式，没有货币补偿。任某某认为该产权调换提供的房屋离市区太远了，故对该补偿决定不服，向人民法院提起了行政诉讼。

说法

《国有土地上房屋征收与补偿条例》第21条第1款明确规定，被征收人可以选择货币补偿，也可以选择房屋产权调换。因此，征收补偿时，被征收人享有选择权，可以在产权调换与货币补偿之间进行选择。A县人民政府在双方未达成一致的情况下作出的《房屋征收补偿决定书》未能给任某某提供选择机会，剥夺了任某某选择货币补偿的权利，属于违法行为。

找法

《国有土地上房屋征收与补偿条例》

第二十一条第一款、第三款 被征收人可以选择货币补偿，也可以选择房屋产权调换。

因旧城区改建征收个人住宅，被征收人选择在改建地段进行房屋产权调换的，作出房屋征收决定的市、县级人民政府应当提供改建地段或者就近地段的房屋。

举一反三

房屋被征收时，如果政府提供的产权调换的房屋离城区特别远，被征收人不满意时，是可以选择货币补偿方式的。被征收人在获得房屋货币补偿后，可以按照自己的意愿在合适的地段购买新房。如果被征收人被征收的房屋属于旧城区改建项目，被征收人可以在产权调换时要求政府依法提供改建地段或者就近地段的房屋。但不论产权调换的房屋位于什么位置，货币补偿这种方式都是不可以被剥夺的，对于有置换条件的，被征收人可以选择货币补偿或者房屋置换。

遇事找法 房屋拆迁、补偿、安置纠纷一站式法律指引

30 我的房屋被征收，导致租房合同违约并给承租人造成了损失，怎么办？

遇事

A公司在A市B区拥有一间××宾馆，于1994年建成，B公司从2005年起就承包该宾馆经营，并对宾馆进行了装饰装修、添加了经营设备、种植了花草等。A公司、B公司约定了租赁期限为20年。

2016年10月12日，B区人民政府开发新项目，发布了房屋征收预告，以上宾馆位于征收范围内。12月29日，房地产管理局发布选定评估机构的公告。2017年8月8日，房屋征收补偿管理办公室与A公司签订了《××宾馆征收补偿协议》。

B公司认为该征收行为导致B公司投入的装饰装修以及设备更新等成本无法收回，遂于2018年1月18日针对B区人民政府的征收补偿决定向人民法院提起行政诉讼。

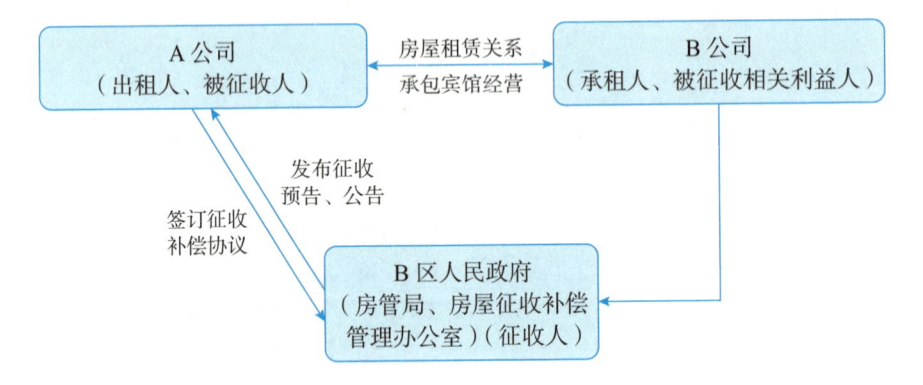

```
    A公司                 房屋租赁关系            B公司
（出租人、被征收人）  ←——————————————→  （承租人、被征收相关利益人）
                        承包宾馆经营

         ↑                发布征收
         │                预告、公告
    签订征收                    ↓
    补偿协议              B区人民政府
         └——————————→（房管局、房屋征收补偿
                       管理办公室）（征收人）
```

说法

政府为了公共利益，在进行城市开发建设中需要对民事主体的房屋等合

092

法财产予以征收，这种征收极有可能导致原财产所有人签订的民事合同无法继续履行。《国有土地上房屋征收与补偿条例》第17条第1款规定："作出房屋征收决定的市、县级人民政府对被征收人给予的补偿包括：（一）被征收房屋价值的补偿；（二）因征收房屋造成的搬迁、临时安置的补偿；（三）因征收房屋造成的停产停业损失的补偿。"据此，国有土地房屋征收补偿中，房屋所有权人即出租人可能面临出租房屋拆除而其原有合同租金无法收回的损失，因此，征收补偿时会考虑出租人的房屋价值、搬迁补偿以及停产停业损失。但是对于承租人而言，其在原本可预计的租赁期内对经营房屋投入装饰装修、经营设备等成本，由于征收导致合同无法继续履行，显然承租人会产生实际的损失。承租人涉及房屋征收补偿的项目通常包括搬迁、装饰装修、附属设施等补偿费用。对于承租人的损失，其可以通过房屋所有权人即出租人向征收机关提出主张，计算在补偿协议中。

找法

《中华人民共和国民法典》

第五百六十三条第一款　有下列情形之一的，当事人可以解除合同：

（一）因不可抗力致使不能实现合同目的；

（二）在履行期限届满前，当事人一方明确表示或者以自己的行为表明不履行主要债务；

（三）当事人一方迟延履行主要债务，经催告后在合理期限内仍未履行；

（四）当事人一方迟延履行债务或者有其他违约行为致使不能实现合同目的；

（五）法律规定的其他情形。

《国有土地上房屋征收与补偿条例》

第十七条第一款　作出房屋征收决定的市、县级人民政府对被征收人给予的补偿包括：

（一）被征收房屋价值的补偿；

（二）因征收房屋造成的搬迁、临时安置的补偿；

（三）因征收房屋造成的停产停业损失的补偿。

第二十三条 对因征收房屋造成停产停业损失的补偿，根据房屋被征收前的效益、停产停业期限等因素确定。具体办法由省、自治区、直辖市制定。

《国有土地上房屋征收评估办法》

第十一条 被征收房屋价值是指被征收房屋及其占用范围内的土地使用权在正常交易情况下，由熟悉情况的交易双方以公平交易方式在评估时点自愿进行交易的金额，但不考虑被征收房屋租赁、抵押、查封等因素的影响。

前款所述不考虑租赁因素的影响，是指评估被征收房屋无租约限制的价值；不考虑抵押、查封因素的影响，是指评估价值中不扣除被征收房屋已抵押担保的债权数额、拖欠的建设工程价款和其他法定优先受偿款。

第十四条 被征收房屋价值评估应当考虑被征收房屋的区位、用途、建筑结构、新旧程度、建筑面积以及占地面积、土地使用权等影响被征收房屋价值的因素。

被征收房屋室内装饰装修价值，机器设备、物资等搬迁费用，以及停产停业损失等补偿，由征收当事人协商确定；协商不成的，可以委托房地产价格评估机构通过评估确定。

举一反三

对于出租人与承租人签订的租赁合同而言，政府征收属于合同履行过程中的不可抗力因素。面对这种情形，房屋在客观上灭失，无论是出租人还是承租人都无法继续使用该房屋，合同双方只能解除租赁合同。法律法规对房屋征收的补偿范围的规定考虑到了房屋租赁中的装修装饰等损失，因此在征收补偿中，对于房屋价值的估算不仅要考虑房屋所有权人的利益损失，也要考虑承租人在被征收房屋上所进行的装饰装修等损失，同时还要考虑到承租人因租期未到而需要搬迁周转等损失。作为出租人，由于其与承租人签订合同在先，虽然无力对抗政府的征收行为，但是应当依法保护承租人的合法权益，对于征收补偿中计算的属于承租人的补偿内容，出租人应在征收补偿谈判中积极主张，促使房屋征收部门与承租人达成补偿协议或者是由出租人领取补偿款后依据合同约定对承租方进行补偿。

遇事找法 房屋拆迁、补偿、安置纠纷一站式法律指引

31 没有签订征收补偿协议，我的房屋会被强制拆除吗？

遇事

2015年5月8日，A市B区人民政府作出房屋征收决定。徐某某名下的一处房屋在被征收范围内。双方经多次协商，但因补偿差距过大而未达成补偿协议。2016年6月27日，A市B区人民政府作出征收补偿决定，决定以房屋产权调换的方式补偿徐某某，徐某某在公告要求的搬迁期限内未主动履行征收补偿决定所确定的搬迁义务。A市B区人民政府遂向法院申请强制执行，A市B区人民法院于2017年2月28日裁定予以准许。徐某某对于其所有的房屋未达成征收补偿协议而被法院判决强制拆除不能接受。

说法

本案涉及房屋征收中的强制拆迁问题，即在征收补偿方案确定的签约期限内达不成补偿协议时，房屋征收部门可以报请作出房屋征收决定的市、县级人民政府按照征收补偿方案作出补偿决定。被征收人在法定期限内不申请行政复议且不提起行政诉讼，在补偿决定规定的期限内不搬迁且经依法书面催告仍不搬迁的，作出房屋征收决定的设区的市人民政府、县级人民政府可以依法申请人民法院强制执行。可见，对于政府征收来说，其具有强制性，即使被征收人未与政府达成补偿协议，但是为了公共利益的实现，政府在依法作出补偿决定后是有权申请强制执行的。

找法

《国有土地上房屋征收与补偿条例》

第二十六条第一款、第三款 房屋征收部门与被征收人在征收补偿方案

096

确定的签约期限内达不成补偿协议,或者被征收房屋所有权人不明确的,由房屋征收部门报请作出房屋征收决定的市、县级人民政府依照本条例的规定,按照征收补偿方案作出补偿决定,并在房屋征收范围内予以公告。

被征收人对补偿决定不服的,可以依法申请行政复议,也可以依法提起行政诉讼。

第二十七条第一款、第二款 实施房屋征收应当先补偿、后搬迁。

作出房屋征收决定的市、县级人民政府对被征收人给予补偿后,被征收人应当在补偿协议约定或者补偿决定确定的搬迁期限内完成搬迁。

第二十八条第一款 被征收人在法定期限内不申请行政复议或者不提起行政诉讼,在补偿决定规定的期限内又不搬迁的,由作出房屋征收决定的市、县级人民政府依法申请人民法院强制执行。

举一反三

在征收补偿方案确定的签约期限内未达成补偿协议时,房屋征收部门可以报请作出房屋征收决定的市、县级人民政府按照征收补偿方案作出补偿决定,被征收人在法定期限内不申请行政复议且不提起行政诉讼,在补偿决定规定的期限内不搬迁且经依法书面催告仍不搬迁的,作出房屋征收决定的设区的市、县级人民政府可以依法申请人民法院强制执行。征收是法律赋予政府的权力,所以,不签订补偿协议并不能阻止房屋被征收,房屋也可能被强制拆除。如果被征收人对于征收补偿决定的内容不服,认为其存在违法之处,应当按照法律要求通过行政复议或行政诉讼的方式主张合法权利,而不是盲目地对抗征收补偿决定以表达自己的不满。

32 安置房不足面积的补偿和超出面积的购买价格不一致，合法吗？

遇事

2019年2月10日，A区B镇人民政府作出《拆迁安置工作实施方案》，方案中对于超出安置面积的购买价格和安置面积不足的补偿作出了规定，即"超出应安置面积部分按购置价2400元/平方米购买；而安置人员选择的安置房面积小于应安置面积或放弃安置的，除奖励费用外，根据减少或放弃的安置房面积，按照成本价1800元/平方米予以补偿"。刘某某的房屋在以上征收范围之内，因在签约期限内未达成补偿协议，故A区人民政府作出了《房屋征收补偿决定书》。刘某某认为，房屋征收补偿决定书中的安置房不足面积的补偿和超出面积的购买价格不一致是不合理的，侵害被征收人的合法权益，遂向人民法院提起了行政诉讼。

说法

《国有土地上房屋征收与补偿条例》第21条第2款规定，被征收人选择房屋产权调换的，市、县级人民政府应当提供用于产权调换的房屋，并与被征收人计算、结清被征收房屋价值与用于产权调换房屋价值的差价。《国有土地上房屋征收评估办法》第29条规定，除政府对用于产权调换房屋价格有特别规定外，应当以评估方式确定用于产权调换房屋的市场价值。由此可见，产权调换房屋与被征收房屋之间的差价是由二者的评估价格决定，而不能由征收机关按照超出应安置面积或小于应安置面积"灵活"变化。被征收人有选择货币补偿或者选择房屋产权置换的权利，被征收人有权决定是否接受置换房屋。

找法

《国有土地上房屋征收与补偿条例》

第二十一条 被征收人可以选择货币补偿，也可以选择房屋产权调换。

被征收人选择房屋产权调换的，市、县级人民政府应当提供用于产权调换的房屋，并与被征收人计算、结清被征收房屋价值与用于产权调换房屋价值的差价。

因旧城区改建征收个人住宅，被征收人选择在改建地段进行房屋产权调换的，作出房屋征收决定的市、县级人民政府应当提供改建地段或者就近地段的房屋。

《国有土地上房屋征收评估办法》

第二十九条 除政府对用于产权调换房屋价格有特别规定外，应当以评估方式确定用于产权调换房屋的市场价值。

举一反三

房屋征收部门应当按照其所依法确定的房地产价格评估机构评估的产权调换的房屋价值确定被征收人的安置房与拆迁房面积差额，而不能随意确定。如果征收机关给出的安置房不足面积的补偿和超出面积的购买价格不一致时，应当按照有利于行政相对人的原则，由被征收人在两者中选择较高的价格获取补偿，而按照较低价格去购买超出的面积部分。

33 因强制拆迁给我造成的损失由谁负责？

遇事

2018年6月4日，A市B区征收工作指挥部发布公告，B区某住宅小区21-22幢纳入B区城中村改造项目征收范围。在未达成征收补偿协议的情况下，2019年3月15日，B区人民政府组织人员强制拆除了蒋某某所有的704号、804号房屋。蒋某某认为B区人民政府的强制拆迁造成了其房屋损失等多项财产损失，现在其应当如何维护其权益？

说法

本案中，蒋某某的房屋在其尚未与政府达成征收补偿协议时就被强制拆除了，这势必会给蒋某某的房屋以及房屋内的装饰装修等造成财产损失。对于这部分损失，应当由谁进行赔偿的问题就是确定本案的赔偿主体问题。按照法律规定，在征收补偿方案确定的签约期限内，如果B区人民政府与蒋某某达成了补偿协议，则可以对房屋进行拆除；如果B区人民政府与蒋某某在签约期限届满不能达成补偿协议的，由B区人民政府依据评估价值作出补偿决定，按照法律规定的程序拆除房屋，即便是强制拆除也得按照法律规定的程序申请强制拆除。本案中，B区人民政府在蒋某某未签订征收补偿协议时的强拆行为不符合法律规定，属于行政机关的违法行政行为造成了公民财产损失，应当由作出违法行政行为的B区人民政府作为赔偿义务机关对蒋某某的损失给予行政赔偿。

找法

《中华人民共和国国家赔偿法》

第二条 国家机关和国家机关工作人员行使职权，有本法规定的侵犯公民、法人和其他组织合法权益的情形,造成损害的,受害人有依照本法取得国家赔偿的权利。

本法规定的赔偿义务机关,应当依照本法及时履行赔偿义务。

第四条 行政机关及其工作人员在行使行政职权时有下列侵犯财产权情形之一的,受害人有取得赔偿的权利:

(一)违法实施罚款、吊销许可证和执照、责令停产停业、没收财物等行政处罚的;

(二)违法对财产采取查封、扣押、冻结等行政强制措施的;

(三)违法征收、征用财产的;

(四)造成财产损害的其他违法行为。

第七条 行政机关及其工作人员行使行政职权侵犯公民、法人和其他组织的合法权益造成损害的,该行政机关为赔偿义务机关。

两个以上行政机关共同行使行政职权时侵犯公民、法人和其他组织的合法权益造成损害的,共同行使行政职权的行政机关为共同赔偿义务机关。

法律、法规授权的组织在行使授予的行政权力时侵犯公民、法人和其他组织的合法权益造成损害的,被授权的组织为赔偿义务机关。

受行政机关委托的组织或者个人在行使受委托的行政权力时侵犯公民、法人和其他组织的合法权益造成损害的,委托的行政机关为赔偿义务机关。

赔偿义务机关被撤销的,继续行使其职权的行政机关为赔偿义务机关;没有继续行使其职权的行政机关的,撤销该赔偿义务机关的行政机关为赔偿义务机关。

《国有土地上房屋征收与补偿条例》

第二十五条第一款 房屋征收部门与被征收人依照本条例的规定,就补偿方式、补偿金额和支付期限、用于产权调换房屋的地点和面积、搬迁费、临时安置费或者周转用房、停产停业损失、搬迁期限、过渡方式和过渡期限等事项,订立补偿协议。

第二十七条 实施房屋征收应当先补偿、后搬迁。

作出房屋征收决定的市、县级人民政府对被征收人给予补偿后，被征收人应当在补偿协议约定或者补偿决定确定的搬迁期限内完成搬迁。

任何单位和个人不得采取暴力、威胁或者违反规定中断供水、供热、供气、供电和道路通行等非法方式迫使被征收人搬迁。禁止建设单位参与搬迁活动。

第二十八条第一款 被征收人在法定期限内不申请行政复议或者不提起行政诉讼，在补偿决定规定的期限内又不搬迁的，由作出房屋征收决定的市、县级人民政府依法申请人民法院强制执行。

举一反三

法律规定实施房屋征收应当先补偿、后搬迁。对于房屋征收部门与被征收人在征收补偿方案确定的签约期限内未达成补偿协议的，由房屋征收部门报请作出房屋征收决定的市、县级人民政府依照法律的规定，按照征收补偿方案作出补偿决定，并在房屋征收范围内予以公告。此时，征收机关已经就被征收房屋的补偿事由作出了决定，对于被征收人的财产损失作出了补偿安排。如果被征收人对补偿决定不服，可以依法提起行政复议或者行政诉讼。如果被征收人在法定期限内既不申请行政复议也不提起行政诉讼，又不在补偿决定规定的期限内搬迁，此时作出房屋征收决定的市、县级人民政府依法申请人民法院强制执行。征收机关不按照以上程序即实施强制拆迁行为的，属于违法行为，对公民人身财产造成损失的，需要依法进行国家赔偿。此时，被征收人需要保存证据，对进行暴力拆迁的行政机关（赔偿义务人）通过提起行政复议、行政诉讼等手段确认行政机关的违法行为，并提出行政赔偿。

一、国有土地上房屋征收与补偿

34 我对征收补偿方案有异议且提起了行政诉讼，征收机关还能强制拆除我的房屋吗？

遇事

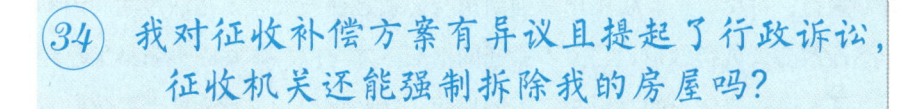

2018年6月，A市B县人民政府因城市项目建设需要，拟对南大街临街部分房屋实施征收。张某某的一处房屋位于征收范围内。因双方未就案涉房屋的征收补偿达成协议，B县人民政府于2018年9月作出补偿决定后向张某某送达。张某某不服以上补偿决定，遂向A市中级人民法院提起行政诉讼。在张某某提起行政诉讼期间，B县人民政府对张某某的房屋实施强制拆除。张某某认为B县人民政府在其对补偿决定不服提起行政诉讼期间强制拆除其房屋的行为是违法的，遂对B县人民政府强制拆除的行为提起行政诉讼，请求确认B县人民政府的强制拆除行为违法。张某某的诉讼请求能够被人民法院支持吗？

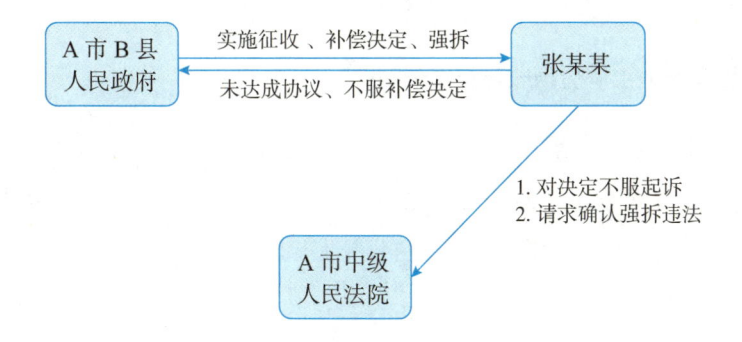

```
A市B县         实施征收、补偿决定、强拆         张某某
人民政府   ←—————————————————————→
              未达成协议、不服补偿决定
                                                │
                                                │ 1.对决定不服起诉
                                                │ 2.请求确认强拆违法
                                                ↓
                                           A市中级
                                           人民法院
```

说法

《国有土地上房屋征收与补偿条例》第28条第1款明确规定，被征收人在法定期限内不申请行政复议或者不提起行政诉讼，在补偿决定规定的期限内又不搬迁的，由作出房屋征收决定的市、县级人民政府依法申请人民法院

强制执行。可见，征收机关申请强制执行必须是在被征收人在法定期间内不申请行政复议或行政诉讼，又不搬迁的情形下才可以。本案中，张某某已经对B县人民法院作出的补偿决定不服提起了行政诉讼，显然B县人民政府不能在此期间强制执行。且B县人民政府本身不具备强制执行权，而应当申请人民法院强制执行，申请人民法院强制执行的前提是补偿决定产生执行力，但本案中由于张某某就补偿决定提起行政诉讼，导致该补偿决定在诉讼期间不具有执行力。B县人民政府在此诉讼期间无论是自行决定强制拆除，还是向法院申请强制执行都是不符合法律规定的，是违法行为。

找法

《中华人民共和国行政强制法》

第五十三条 当事人在法定期限内不申请行政复议或者提起行政诉讼，又不履行行政决定的，没有行政强制执行权的行政机关可以自期限届满之日起三个月内，依照本章规定申请人民法院强制执行。

《国有土地上房屋征收与补偿条例》

第二十八条第一款 被征收人在法定期限内不申请行政复议或者不提起行政诉讼，在补偿决定规定的期限内又不搬迁的，由作出房屋征收决定的市、县级人民政府依法申请人民法院强制执行。

举一反三

根据法律规定，被征收人在对补偿决定提起行政复议或者行政诉讼期间，任何人无权强制拆除被征收人的待征收房屋。所以，被征收人如果认为征收补偿决定违法或者侵犯了自己的权益，应在法定期间

一、国有土地上房屋征收与补偿

内及时通过行政复议或行政诉讼主张权利,而不是通过消极对抗。一旦被征收人没有在法定期间对补偿决定提起行政复议或行政诉讼,且又拒不搬离,征收机关就可以依法申请人民法院强制执行。届时,征收机关作出的强制拆迁行为就属于合法行为,不再承担违法行政的法律后果。

遇事找法 房屋拆迁、补偿、安置纠纷一站式法律指引

35 没有达成征收补偿协议前,我可以阻止强制拆迁吗?

遇事

褚先生,看来我们今天又无法签署房屋征收补偿协议了。

你们给的补偿,我不满意,我不签!

我要去行政复议,不行就去起诉!

（房屋征收补偿决定书）

爷爷,虽然案子输了,但我们不能让他们拆了我们的房子。

（人民法院）

今天谁也不许拆我的房子!

扫一扫,听案情

106

一、国有土地上房屋征收与补偿

🔊 说法

按照法律规定，房屋征收时，首先由征收机关与被征收人就房屋征收补偿事项进行协商，达成补偿协议。如果在征收补偿方案确定的签约期限内达不成补偿协议时，为了确保项目能够顺利推进，实现公共利益，房屋征收部门可以报请作出房屋征收决定的市、县级人民政府按照征收补偿方案作出补偿决定。被征收人可以依据该补偿决定进行搬迁并获得相应的补偿。如果被征收人对补偿决定不服，可以在法定期限内申请行政复议或提起行政诉讼。如果既不提起行政复议又不提起行政诉讼，还在补偿决定规定的期限内拒不搬迁的，作出房屋征收决定的人民政府可以依法申请人民法院强制执行。当人民政府按照人民法院裁决进行强制拆迁时，被征收人在现场予以阻止的，属于阻碍执行公务的违法行为。

🔍 找法

《国有土地上房屋征收与补偿条例》

第二十六条第一款、第三款 房屋征收部门与被征收人在征收补偿方案确定的签约期限内达不成补偿协议，或者被征收房屋所有权人不明确的，由房屋征收部门报请作出房屋征收决定的市、县级人民政府依照本条例的规定，按照征收补偿方案作出补偿决定，并在房屋征收范围内予以公告。

被征收人对补偿决定不服的，可以依法申请行政复议，也可以依法提起行政诉讼。

第二十七条第一款、第二款 实施房屋征收应当先补偿、后搬迁。

作出房屋征收决定的市、县级人民政府对被征收人给予补偿后，被征收人应当在补偿协议约定或者补偿决定确定的搬迁期限内完成搬迁。

第二十八条第一款 被征收人在法定期限内不申请行政复议或者不提起行政诉讼，在补偿决定规定的期限内又不搬迁的，由作出房屋征收决定的市、县级人民政府依法申请人民法院强制执行。

举一反三

　　在征收补偿方案确定的签约期间内，如果征收机关与被征收人没有达成补偿协议的，任何人都无权强制拆除被征收人的房屋，这时被征收人对于他人拆除其房屋的行为可以进行阻止。

　　当房屋征收部门与被征收人在征收补偿方案确定的签约期限内未达成补偿协议而由人民政府作出补偿决定后，被征收人要么服从征收补偿决定及时搬离，要么在法定期限内申请行政复议或提起行政诉讼，否则作出房屋征收决定的人民政府可以依法申请人民法院强制执行。当人民法院作出强制执行的裁定后，被征收人继续阻止强制拆迁行为就会构成妨碍公务的违法行为了。

36 我家房屋被征收，由谁来评估房屋价值？

遇事

2016年12月5日，A市B区人民政府作出《关于B区某某街坊国有土地上房屋征收的决定》，王某某的房屋在征收范围内。随后A市房屋征收局B区分局组织案涉征收片区居民进行投票，根据投票结果，确定a房地产评估咨询有限责任公司为该征收片区的房地产价格评估机构，并予以公示。

B区人民政府与王某某在公告确定的签约期限届满后仍未达成补偿协议。2020年3月17日，B区人民政府根据a房地产评估咨询有限责任公司给出的评估报告作出《房屋征收补偿决定书》。王某某认为其在选定a房地产评估咨询有限责任公司的过程中没有投票，选定评估机构程序违法，遂向人民法院提起了行政诉讼。

说法

根据法律规定，房地产价格评估机构的选定先由被征收人协商确定；在规定时间内协商不成的，通过被征收人投票或者随机选定的方式确定。本案中，王某某是被征收人，有权参与协商确定房地产价格评估机构，在协商不成、房屋征收部门组织被征收人投票时，有权参与投票。当地政府在选定评估机构过程中已经通知王某某参加投票，但他由于自身原因未能参加投票，因此政府选定评估机构的程序并无违法。

找法

《国有土地上房屋征收与补偿条例》

第十九条第一款 对被征收房屋价值的补偿，不得低于房屋征收决定公告之日被征收房屋类似房地产的市场价格。被征收房屋的价值，由具有相应资质的房地产价格评估机构按照房屋征收评估办法评估确定。

第二十条第一款 房地产价格评估机构由被征收人协商选定；协商不成的，通过多数决定、随机选定等方式确定，具体办法由省、自治区、直辖市制定。

《国有土地上房屋征收评估办法》

第四条第一款 房地产价格评估机构由被征收人在规定时间内协商选定；在规定时间内协商不成的，由房屋征收部门通过组织被征收人按照少数服从多数的原则投票决定，或者采取摇号、抽签等随机方式确定。具体办法由省、自治区、直辖市制定。

举一反三

房屋征收中，房地产价格评估机构的选定对房屋价值的评估有着至关重要的影响，也会影响到征收补偿。为了保护被征收人的合法权益，法律法规对房地产价格评估机构的选定程序作出了细致的规定，赋予了被征收人选择或投票的权利。因此，被征收人在面对房屋价格评估机构选择时，要充分利用法律法规赋予的权利，积极参与选定符合自己期望的房地产价格评估机构，以保护自己的合法权益。

㊲ 征收人未送达房屋评估报告就作出补偿决定，我该怎么办？

遇事

2003年10月30日，B公司对A市×路691弄所在地块实施拆迁。陆某某系该路段一处房产的产权人，建筑面积为12.48平方米，还有一处阁楼面积为18.37平方米，合计30.85平方米。陆某某与征收机关未就征收补偿安置达成协议，2005年5月24日，B公司向房产局提出房屋拆迁申请。房产局于同日受理后，主持了两次调解，但均因陆某某未参加而导致调解无法进行。房产局遂于2005年6月16日作出房屋征收决定，房屋按照房地产估价师事务所评估的3510元/平方米计算价值。陆某某认为征收人B公司未向其送达过被拆房屋的评估报告，该评估报告不能作为房屋征收决定的事实证据，故向人民法院提起行政诉讼。

说法

征收过程中，基于正当程序原则，为保护被征收人、房屋承租人的合法权益，被拆房屋的评估报告应当送达被征收人、房屋承租人，以保障被征收人、房屋承租人及时了解被拆房屋的评估结果，对于评估结果有异议的及时提出意见、申请复核评估。对复核结果有异议的，可以向房地产价格评估专家委员会申请鉴定。征收机关在审查过程中，应当就被拆房屋评估报告是否送达被征收人、房屋承租人的问题进行审查。本案中，征收人未及时将评估报告送达被征收人，违反法律规定的程序，陆某某可以依法申请复核、鉴定，最终对补偿决定还可以申请行政复议或提起行政诉讼。

遇事找法 房屋拆迁、补偿、安置纠纷一站式法律指引

🔍 找法

《国有土地上房屋征收与补偿条例》

第十九条第二款 对评估确定的被征收房屋价值有异议的，可以向房地产价格评估机构申请复核评估。对复核结果有异议的，可以向房地产价格评估专家委员会申请鉴定。

第二十六条第一款、第三款 房屋征收部门与被征收人在征收补偿方案确定的签约期限内达不成补偿协议，或者被征收房屋所有权人不明确的，由房屋征收部门报请作出房屋征收决定的市、县级人民政府依照本条例的规定，按照征收补偿方案作出补偿决定，并在房屋征收范围内予以公告。

被征收人对补偿决定不服的，可以依法申请行政复议，也可以依法提起行政诉讼。

《国有土地上房屋征收评估办法》

第二十条 被征收人或者房屋征收部门对评估结果有异议的，应当自收到评估报告之日起10日内，向房地产价格评估机构申请复核评估。

申请复核评估的，应当向原房地产价格评估机构提出书面复核评估申请，并指出评估报告存在的问题。

第二十二条 被征收人或者房屋征收部门对原房地产价格评估机构的复核结果有异议的，应当自收到复核结果之日起10日内，向被征收房屋所在地评估专家委员会申请鉴定。被征收人对补偿仍有异议的，按照《国有土地上房屋征收与补偿条例》第二十六条规定处理。

举一反三

房屋评估报告是后续确定补偿标准的重要依据，因此保障被征收人对评估报告的知情权以及存在异议时的法律救济十分必要。被征收人如果对房屋评估报告有异议，可以在收到评估报告10日内向房地产价格评

估机构申请复核评估；对复核结果仍有异议的，可以在收到复核结果10日内向房地产价格评估专家委员会申请鉴定，还可以对房地产价格评估机构的资质、选定程序提出异议，通过行政诉讼程序维护自身的合法权益。征收机关未将评估报告送达被征收人即作出补偿决定的，属于程序违法，被征收人可以通过行政复议或行政诉讼予以纠正。

遇事找法 房屋拆迁、补偿、安置纠纷一站式法律指引

38 两家评估机构对同一小区房屋价值评估不一致，我该怎么签订补偿协议？

遇事

2018年6月26日，B区人民政府作出《A市B区人民政府房屋征收补偿决定书》，决定征收宋某位于A市B区住宅301房，随后B区人民政府发布了选举评估机构的公告，并采用投票选举的方式确定两家评估公司。但是两家评估机构对宋某上述房屋所在小区的房屋价值评估后，宋某发现他与后楼邻居的房屋评估价值不一致（分别由两家机构作出），宋某应该跟哪个公司签署补偿协议？

说法

根据法律规定，房地产价格评估机构的选定先由被征收人协商确定；在规定时间内协商不成的，通过被征收人投票或者随机选定的方式确定。当确定两家以上的房屋评估机构来进行房屋评估的时候，应当共同协商确定一家房地产价格评估机构为牵头单位，并统一评估标准，由于同一小区房屋户型、位置并不完全相同，因此也可能出现在相同评估标准下评估价值不同的情形。因为两家评估公司采用的评估标准相同，所以经由合法程序选定的两家或两家以上评估机构对同一房屋的评估结果在理论上应当是一致的，被征收人只需要依自己房屋的评估报告签订补偿协议即可。

找法

《国有土地上房屋征收与补偿条例》

第十九条第一款 对被征收房屋价值的补偿，不得低于房屋征收决定公

告之日被征收房屋类似房地产的市场价格。被征收房屋的价值，由具有相应资质的房地产价格评估机构按照房屋征收评估办法评估确定。

第二十条第一款 房地产价格评估机构由被征收人协商选定；协商不成的，通过多数决定、随机选定等方式确定，具体办法由省、自治区、直辖市制定。

《国有土地上房屋征收评估办法》

第四条第一款 房地产价格评估机构由被征收人在规定时间内协商选定；在规定时间内协商不成的，由房屋征收部门通过组织被征收人按照少数服从多数的原则投票决定，或者采取摇号、抽签等随机方式确定。具体办法由省、自治区、直辖市制定。

第五条 同一征收项目的房屋征收评估工作，原则上由一家房地产价格评估机构承担。房屋征收范围较大的，可以由两家以上房地产价格评估机构共同承担。

两家以上房地产价格评估机构承担的，应当共同协商确定一家房地产价格评估机构为牵头单位；牵头单位应当组织相关房地产价格评估机构就评估对象、评估时点、价值内涵、评估依据、评估假设、评估原则、评估技术路线、评估方法、重要参数选取、评估结果确定方式等进行沟通，统一标准。

第十四条 被征收房屋价值评估应当考虑被征收房屋的区位、用途、建筑结构、新旧程度、建筑面积以及占地面积、土地使用权等影响被征收房屋价值的因素。

被征收房屋室内装饰装修价值，机器设备、物资等搬迁费用，以及停产停业损失等补偿，由征收当事人协商确定；协商不成的，可以委托房地产价格评估机构通过评估确定。

举一反三

房屋价值评估对于被征收人获得的房屋补偿意义重大，因此，评估机构的选择需要十分慎重。一般而言，同一征收项目的房屋征收评估工作，原则上由一家房地产价格评估机构承担。但是当房屋征收范围较大时，可以由两家以上房地产价格评估机构共同承担评估工作。如果征收机关确定了两家以上房地产价格评估机构，则不应当出现评估标准不统一的情形，而应当共同协商确定一家房地产价格评估机构为牵头单位，牵头单位应当组织相关房地产价格评估机构就评估对象、评估时点、价值内涵、评估依据、评估假设、评估原则、评估技术路线、评估方法、重要参数选取、评估结果确定方式等进行沟通，统一标准。同一征收区域内，在统一了征收标准后，具体房屋价值的评估还会考虑某一套具体房屋的区位、用途、建筑结构、新旧程度、建筑面积以及占地面积、土地使用权等因素，因此会出现同一小区内不同房屋的评估价值差异问题，此时，房主按照给其作出评估报告的评估机构的评估价值签订补偿协议即可。如果出现了经由合法程序选定的评估机构和未经合法程序选定的评估机构的情形，则被征收人要依据经由合法程序选定的评估机构作出的评估报告签订补偿协议。

一、国有土地上房屋征收与补偿

39 房屋征收过程中，被征收人对评估机构的选定及评估机构的查勘记录有异议，评估报告还能使用吗？

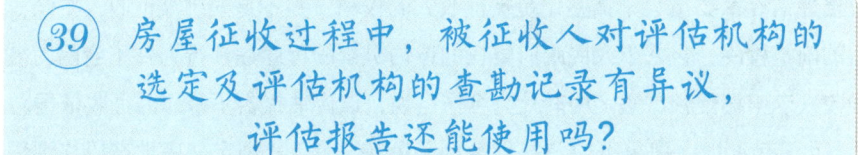

遇事

王某在A市有一套房屋，该房屋已取得《房屋所有权证》和《土地使用权证》。A市人民政府因项目开发建设需要，将王某房屋、土地及附属物纳入征收范围，但A市人民政府给予的补偿远低于市场价格，王某与征收人未能达成补偿协议。

2019年9月26日，A市人民政府作出《A市人民政府关于对王某被征收房屋的补偿决定》。当决定送达王某时，王某认为对其房屋、土地及房屋装修价值评估明显低于市场价值，且未将王某合法拥有的院落、空地面积以及炭棚一间纳入评估范围。据此，王某以A市人民政府单方选择评估机构剥夺了王某作为被征收人的选择权，以及评估机构查勘笔录记录不完整为由起诉，认为据此作出的评估报告不能作为政府作出补偿决定的依据。

说法

关于本案中评估机构的评估结论能否作为补偿决定的依据使用存在两种不同的观点。一种观点认为，根据《国有土地上房屋征收与补偿条例》第19条的规定，被征收房屋价值，由具有相应资质的房地产价格评估机构按照房屋征收评估办法评估确定。对评估确定的被征收房屋价值有异议的，可以向房地产价格评估机构申请复核评估。对复核结果有异议的，可以向房地产价格评估专家委员会申请鉴定。本案中，王某没有履行申请复核程序，评估报告应当作为征收依据使用。另一种观点则认为，向房地产价格评估机构申请复核及向房地产

117

价格评估专家委员会申请鉴定是被征收人的权利，并不是限制被征收人主张权益的前置程序，且A市人民政府委托的评估机构的程序违法行为并不会因为被征收人未申请复核或鉴定而转化为合法行为，该评估报告不得作为征收依据。

《国有土地上房屋征收与补偿条例》第20条第1款规定，房地产价格评估机构由被征收人协商选定；协商不成的，通过多数决定、随机选定等方式确定，具体办法由省、自治区、直辖市制定。《国有土地上房屋征收评估办法》第4条第1款规定，房地产价格评估机构由被征收人在规定时间内协商选定；在规定时间内协商不成的，由房屋征收部门通过组织被征收人按照少数服从多数的原则投票决定，或者采取摇号、抽签等随机方式确定。具体办法由省、自治区、直辖市制定。为了保障被征收人的合法权益，法律明确规定了房地产价格评估机构的选定程序。本案中，当地政府在选定房地产价格评估机构时，并未通过被征收人协商选定，也没有通过组织被征收人按照少数服从多数的原则投票决定，或者采取摇号、抽签等随机方式确定，违反了《国有土地上房屋征收与补偿条例》的规定。因此，本案市政府选定房地产价格评估机构的程序违法。

同时，根据《国有土地上房屋征收评估办法》第12条第1款规定，房地产价格评估机构应当安排注册房地产估价师对被征收房屋进行实地查勘，调查被征收房屋状况，拍摄反映被征收房屋内外部状况的照片等影像资料，做好实地查勘记录，并妥善保管。本案中，房地产价格估价师未对被征收房屋进行实地查勘，未拍摄反映被征收房屋内外部状况的照片等影像资料以及做好实地查勘记录等，违反了上述规定，程序违法。

由于当地人民政府在选定房地产价格评估机构时程序违法，且房地产价格评估机构在查勘时也未满足法律规定的要求，因此，当地人民政府不应当以此为依据作出补偿决定，否则可能导致被征收人的合法权益受损。

找法

《国有土地上房屋征收与补偿条例》

第二十条 房地产价格评估机构由被征收人协商选定；协商不成的，通过多数决定、随机选定等方式确定，具体办法由省、自治区、直辖市制定。

房地产价格评估机构应当独立、客观、公正地开展房屋征收评估工作，任何单位和个人不得干预。

《国有土地上房屋征收评估办法》

第四条第一款 房地产价格评估机构由被征收人在规定时间内协商选定；在规定时间内协商不成的，由房屋征收部门通过组织被征收人按照少数服从多数的原则投票决定，或者采取摇号、抽签等随机方式确定。具体办法由省、自治区、直辖市制定。

第十二条第一款 房地产价格评估机构应当安排注册房地产估价师对被征收房屋进行实地查勘，调查被征收房屋状况，拍摄反映被征收房屋内外部状况的照片等影像资料，做好实地查勘记录，并妥善保管。

举一反三

由于房地产价格评估机构的评估报告直接影响着被征收人房屋价值补偿，因此法律对于房地产价格评估机构的选择规定了极为严格的公众参与要求。被征收人对于征收补偿过程中的违法行为可能损害自身权益时，一定要及时主张权利。法律并不保护躺在权利上睡大觉的人，如果被征收人发现征收中评估机构选择或实地查勘存在违法行为，则应当及时依据法律法规的规定申请复核或向房地产价格评估专家委员会申请鉴定，就可在补偿决定作出之前及时止损，否则就只能等到征收机关作出补偿决定后再通过行政复议或行政诉讼的手段进行维权。

40 房屋被拆迁时，搬家、租房等费用可以主张吗？

遇事

2012年，A市某房屋征收委托实施单位张贴征收公告，由于与被征收人朱某无法达成补偿协议，故当地人民政府发布了《A市房屋征收补偿决定》一份，主要内容为，经A市人民政府批准，依法对朱某在项目征收范围内的房屋实施征收，征收补偿安为：朱某私有的建筑面积2010平方米的房屋，进行产权调换，按照产权调换差价计算征收补偿款；房屋拆迁后朱某自行安排过渡，过渡期限为36个月。

朱某认为，政府的补偿决定未对其因拆迁造成的搬迁费用予以补偿，同时也未明确临时安置费，遂向人民法院起诉主张搬迁费和临时安置费。

说法

《国有土地上房屋征收与补偿条例》第22条明确规定，因征收房屋造成搬迁的，房屋征收部门应当向被征收人支付搬迁费；选择房屋产权调换的，产权调换房屋交付前，房屋征收部门应当向被征收人支付临时安置费或者提供周转用房。可见，本案中被征收人朱某因拆迁造成其搬迁，其有权获得搬迁费补偿；同时，补偿公告中就朱某拆迁房屋进行了产权调换，按照法律规定，采取产权调换方式安置的，应当提供周转房或者支付临时安置费，本案中，政府发布的补偿公告中明确了由朱某自行过渡，不提供周转房，但是也未计算临时安置费。因此，朱某的请求应当得到支持。

找法

《国有土地上房屋征收与补偿条例》

第十七条 作出房屋征收决定的市、县级人民政府对被征收人给予的补

一、国有土地上房屋征收与补偿

偿包括：

（一）被征收房屋价值的补偿；

（二）因征收房屋造成的搬迁、临时安置的补偿；

（三）因征收房屋造成的停产停业损失的补偿。

市、县级人民政府应当制定补助和奖励办法，对被征收人给予补助和奖励。

第二十条　房地产价格评估机构由被征收人协商选定；协商不成的，通过多数决定、随机选定等方式确定，具体办法由省、自治区、直辖市制定。

房地产价格评估机构应当独立、客观、公正地开展房屋征收评估工作，任何单位和个人不得干预。

第二十二条　因征收房屋造成搬迁的，房屋征收部门应当向被征收人支付搬迁费；选择房屋产权调换的，产权调换房屋交付前，房屋征收部门应当向被征收人支付临时安置费或者提供周转用房。

举一反三

房屋征收时，被征收人房屋内的家具家电等需要搬走，因此征收中需要向被征收人支付搬家费用，以利于被征收人将房屋中的动产财产予以转移，以避免给被征收人造成更大损失。当被征收人对于被征收房屋选择货币补偿时，由于实行先补偿后搬迁原则，因此被征收人能够及时拿到补偿款，另行购买房屋。但是对于选择产权调换的被征收人而言，在等待新房建成的过程中，被征收人需要征收机关安排临时周转住房，或者需要自行过渡，通过租房解决临时安置问题。因此法律规定了产权调换中的周转房安置或者支付临时安置费补偿。

41 对房地产评估结果有异议，该如何主张权利？

遇事

为优化城区环境，改善居民居住环境，A县人民政府决定对A县粮油市场进行棚户区改造。2018年3月18日，A县住房和城乡建设局向被征收人公布了具有相应资质的50家房地产价格评估机构名单，其中7家报名参加房屋征收评估活动，同时要求被征收人通过投票方式选定评估机构。被征收人通过投票选择甲评估公司作为涉案征收补偿的评估机构，投票同意率超过半数。2018年3月27日，A县住房和城乡建设局公示了被征收人选择的评估机构甲评估公司。2018年7月27日，A县住房和城乡建设局将初步估价结果进行了公示。

杨某在该征收范围内有一间50平方米的商铺，用于经营。2019年3月18日，甲评估公司对杨某房屋作出《房地产征收补偿估价报告》，对杨某50平方米的征收房屋、装修及附属物进行了征收补偿价格评估，评估结果为：建筑物价值483072元，装修补偿价值4103.40元，附属物补偿价值16669.90元，总计503845元。杨某对甲评估公司作出的《房地产征收补偿估价报告》有异议。

说法

《国有土地上房屋征收评估办法》第4条第1款规定，房地产价格评估机构由被征收人在规定时间内协商选定；在规定时间内协商不成的，由房屋征收部门通过组织被征收人按照少数服从多数的原则投票决定，或者采取摇号、抽签等随机方式确定。本案中，A县住房和城乡建设局按规定向被征收人公布了具有相应资质的房地产价格评估机构名单，同时要求被征收人通过投票方式选定评估机构。被征收人通过投票选择甲评估公司作为涉案征收补偿的评估机构，投票同意率超过半数，符合法律规定，评估机构选择程序合法。

《国有土地上房屋征收与补偿条例》第19条第2款规定，对评估确定的被征收房屋价值有异议的，可以向房地产价格评估机构申请复核评估。对复核结果有异议的，可以向房地产价格评估专家委员会申请鉴定。本案中，杨某对《房地产征收补偿估价报告》有异议，可向房地产价格评估专家委员会申请鉴定以保障自身权益。

找法

《国有土地上房屋征收与补偿条例》

第十九条 对被征收房屋价值的补偿，不得低于房屋征收决定公告之日被征收房屋类似房地产的市场价格。被征收房屋的价值，由具有相应资质的房地产价格评估机构按照房屋征收评估办法评估确定。

对评估确定的被征收房屋价值有异议的，可以向房地产价格评估机构申请复核评估。对复核结果有异议的，可以向房地产价格评估专家委员会申请鉴定。

房屋征收评估办法由国务院住房城乡建设主管部门制定，制定过程中，应当向社会公开征求意见。

《国有土地上房屋征收评估办法》

第四条第一款 房地产价格评估机构由被征收人在规定时间内协商选定；在规定时间内协商不成的，由房屋征收部门通过组织被征收人按照少数服从多数的原则投票决定，或者采取摇号、抽签等随机方式确定。具体办法由省、自治区、直辖市制定。

123

举一反三

房屋的征收与补偿，一般均会采取评估的方式确定房屋价值，进而确定征收补偿标准。根据现行的《国有土地上房屋征收与补偿条例》和《国有土地上房屋征收评估办法》的规定选取评估机构评估，评估时房地产价格评估机构应当安排注册房地产估价师对被征收房屋进行实地查勘，调查被征收房屋状况，拍摄反映被征收房屋内外部状况的照片等影像资料，做好实地查勘记录，并妥善保管。被征收人对评估有异议的，可以在征收机关尚未作出补偿决定前以评估报告为对象向房地产价格评估机构申请复核评估；对复核结果有异议的，可以向房地产价格评估专家委员会申请鉴定。

一、国有土地上房屋征收与补偿

㊷ 房屋征收中对商铺的补偿有哪些？

遇事

扫一扫，听案情

说法

《国有土地上房屋征收与补偿条例》第23条规定，对因征收房屋造成停产停业损失的补偿，根据房屋被征收前的效益、停产停业期限等因素确定。本案中，刘某位于征收范围的翻译服务部于2009年1月7日依法注册成立为个体工商户，一直经营至拆迁时。这期间刘某一直从事翻译服务，并因此而产生效益且照章纳税，符合法律规定的房屋被征收前具有收益，停产停业会对房屋所有权人造成损失之情形，应当获得相应补偿。而A市B区城市房屋征收中心在征收刘某房屋过程中曲解了营业执照的经营性质，不按政策予以补偿是不符合法律规定的。因此，征收单位应当针对刘某提出的按照相关政策支付停产停业损失及营业损失补助费的主张作出妥善处理。如果最终补偿决定依旧不符合法律规定，刘某可以通过行政复议或行政诉讼来保障其合法权益不受侵害。

找法

《国有土地上房屋征收与补偿条例》

第四条 市、县级人民政府负责本行政区域的房屋征收与补偿工作。

市、县级人民政府确定的房屋征收部门（以下称房屋征收部门）组织实施本行政区域的房屋征收与补偿工作。

市、县级人民政府有关部门应当依照本条例的规定和本级人民政府规定的职责分工，互相配合，保障房屋征收与补偿工作的顺利进行。

第十五条 房屋征收部门应当对房屋征收范围内房屋的权属、区位、用途、建筑面积等情况组织调查登记，被征收人应当予以配合。调查结果应当在房屋征收范围内向被征收人公布。

第二十三条 对因征收房屋造成停产停业损失的补偿，根据房屋被征收前的效益、停产停业期限等因素确定。具体办法由省、自治区、直辖市制定。

一、国有土地上房屋征收与补偿

举一反三

经营性房屋与住宅在征收中的补偿项目存在差异。根据法律规定，房屋征收造成了原有房屋灭失，会产生房屋价值损失，因此无论是经营用房，还是住宅，均应当补偿被征收房屋本身的价值以及搬迁补偿，当然，由于房屋用途不同，在核算房屋价值时，其核算标准也会存在差异。如果被拆除的是住宅，且被征收人选择了产权调换方式作为补偿，那么在新房盖起来之前，应当向被征收人提供周转用房或者临时安置费用以租房。如果拆除的是经营用房，则因为拆迁显然会给原权利人造成停产停业，产生停产停业损失，同时原有经营用房被拆迁，也会导致原经营人产生经营效益损失，因此，法律规定了要对经营人的停产停业损失进行补偿。停产停业损失计算应考虑征收前的效益、停业的时间及预期收益等营业损失。

43 征收补偿包含哪些内容？

遇事

2012年11月28日，A市B城建局与王某签订了《回迁安置协议书》，协议中约定，A市B城建局作为当地某地块征收人征收王某在当地的一处门脸房（1–5层，建筑面积569平方米），为完成拆迁，A市B城建局在拆迁地块所建设的商厦中购买一处商业门市房作为王某拆迁房屋的补偿；A市B城建局保证在2015年6月30日前交房，确保交付房屋实测面积不少于569平方米，如超出569平方米的回迁面积，则由王某按照实际超出面积，以每平方米4万元的标准补交超额款；从2012年7月1日起至交房为止王某租房的过渡费用按每月10万元标准计算，A市B城建局在协议签订后一次性向乙方支付36个月过渡费共计360万元，待A市B城建局按协议约定达标交房后，再按照实际过渡日期多退少补进行结算；补偿王某其他损失费、房屋鉴定费、修复、加固及装修预算费用共计60万元。以上过渡费和其他损失费共计420万元由A市B城建局一次性支付王某，同时向王某提供拟补偿的由市规划土地审定的所建商厦标准施工图复印件。

协议签订后直至新建房屋交付给王某，A市B城建局都未向王某支付协议约定的安置补偿费及损失420万元。王某除房屋置换外，能够获得以上补偿吗？

说法

《国有土地上房屋征收与补偿条例》第17条规定，作出房屋征收决定的市、县级人民政府对被征收人给予的补偿包括：（1）被征收房屋价值的补偿；（2）因征收房屋造成的搬迁、临时安置的补偿；（3）因征收房屋造成的停产停业损失的补偿。市、县级人民政府应当制定补助和奖励办法，对被征收人给予补助和奖励。本案中，A市B城建局与王某按照法律规定签订了征收补偿协议，并且在协议中约定了房屋价值补偿为同地段新建的同等面积的门脸房，同时约定了安置补助费360万元，房屋鉴定费、修复、加固及装修预算费60万元等。以上补偿项目系征收人与被征收人在法律规定的范围内协商一致的结果，受到法律保护。征收人无故不及时支付的，被征收人有权通过诉讼等方式予以主张。

找法

《国有土地上房屋征收与补偿条例》

第十七条 作出房屋征收决定的市、县级人民政府对被征收人给予的补偿包括：

（一）被征收房屋价值的补偿；

（二）因征收房屋造成的搬迁、临时安置的补偿；

（三）因征收房屋造成的停产停业损失的补偿。

市、县级人民政府应当制定补助和奖励办法，对被征收人给予补助和奖励。

第二十一条 被征收人可以选择货币补偿，也可以选择房屋产权调换。

被征收人选择房屋产权调换的，市、县级人民政府应当提供用于产权调换的房屋，并与被征收人计算、结清被征收房屋价值与用于产权调换房屋价值的差价。

因旧城区改建征收个人住宅，被征收人选择在改建地段进行房屋产权调换的，作出房屋征收决定的市、县级人民政府应当提供改建地段或者就近地段的房屋。

第二十五条 房屋征收部门与被征收人依照本条例的规定，就补偿方式、补偿金额和支付期限、用于产权调换房屋的地点和面积、搬迁费、临时安置费或者周转用房、停产停业损失、搬迁期限、过渡方式和过渡期限等事项，订立补偿协议。

补偿协议订立后，一方当事人不履行补偿协议约定的义务的，另一方当事人可以依法提起诉讼。

举一反三

根据现行法律法规，征收国有土地上单位、个人的房屋，应当对被征收房屋所有权人给予公平补偿。具体可补偿的内容包括：（1）被征收房屋价值的补偿。被征收房屋价值根据房屋面积、用途等因素，并经法定程序确定的有资质评估机构作出合法有效的评估报告予以确定。被征收人根据被征收房屋的价值，可以自由选择货币补偿或产权调换方式。选择货币补偿的，在补偿协议中明确补偿金额和支付期限；选择产权调换的，应当在补偿协议中明确用于产权调换房屋的地点和面积以及房屋价值差额的计算方式。（2）因征收房屋造成的搬迁、临时安置的补偿。房屋拆迁后，原有房屋中的财产需要搬迁，原有房屋使用人需要新的房屋予以使用，会产生诸如搬迁费、人工费、临时安置费，如有租赁的还有租赁费、搬迁导致的物品损失费以及因搬迁间接导致的其他损失或支出。如果是征收人提供周转住房的，还应当就周转住房的信息、过渡期限予以约定。（3）因征收房屋造成的停产停业损失的补偿。被征收房屋如果是经营性用房，还可能存在停产停业损失补偿，包括停业造成的直接损失、因停业导致的合同违约等间接损失以及停业导致的预期收益损失等。以上损失都可以从征收中获得相应补偿。

一、国有土地上房屋征收与补偿

44 同一个小区的同一户型征收补偿价格一样吗？

遇事

张某和李某住在同一个城市的同一个小区。2015年，因当地城市规划需要，该小区被划入征收范围内。经过征收单位的公告及评估，张某和李某分别与征收单位签署了征收补偿协议。后张某和李某在聊天中得知，李某家的房屋评估价值比自己家的房屋价值高出很多。张某觉得明明两家的房屋一样大小、新旧程度一样，为什么房屋征收补偿价格不一致呢？张某认为其签订的征收补偿协议损害了自身合法权益，遂拒绝搬迁，并向当地人民法院起诉。

说法

本案中，张某和李某的房屋均具有评估机构出具的评估报告。对于房屋价格评估，《国有土地上房屋征收评估办法》第13条规定，注册房地产估价师应当根据评估对象和当地房地产市场状况，对市场法、收益法、成本法、假设开发法等评估方法进行适用性分析后，选用其中一种或者多种方法对被征收房屋价值进行评估。被征收房屋的类似房地产有交易的，应当选用市场法评估；被征收房屋或者其类似房地产有经济收益的，应当选用收益法评估；被征收房屋是在建工程的，应当选用假设开发法评估。可以同时选用两种以上评估方法评估的，应当选用两种以上评估方法评估，并对各种评估方法的测算结果进行校核和比较分析后，合理确定评估结果。第14条规定，被征收房屋价值评估应当考虑被征收房屋的区位、用途、建筑结构、新旧程度、建筑面积以及占地面积、土地使用权等影响被征收房屋价值的因素。被征收房屋室内装饰装修价值，机器设备、物资等搬迁费用，以及停产停业损失等补偿，由征收当事人协商确定；协商不成的，可以委托房地产价格评估机构通过评估确定。同时，在补偿中，市、县级人民政府还应当对积极配合拆迁的被征收人制定补助和奖励办法,对被征收人给予补助和奖励。所以,同一街道或者同一片区的房屋评估价格可能因评估方法或评估中的使用程度、装修等因素的不同而有所不同,并非完全一致。

🔍 找法

《国有土地上房屋征收评估办法》

第十三条 注册房地产估价师应当根据评估对象和当地房地产市场状况,对市场法、收益法、成本法、假设开发法等评估方法进行适用性分析后,选用其中一种或者多种方法对被征收房屋价值进行评估。

被征收房屋的类似房地产有交易的,应当选用市场法评估;被征收房屋或者其类似房地产有经济收益的,应当选用收益法评估;被征收房屋是在建工程的,应当选用假设开发法评估。

可以同时选用两种以上评估方法评估的,应当选用两种以上评估方法评估,并对各种评估方法的测算结果进行校核和比较分析后,合理确定评估结果。

第十四条 被征收房屋价值评估应当考虑被征收房屋的区位、用途、建筑结构、新旧程度、建筑面积以及占地面积、土地使用权等影响被征收房屋价值的因素。

被征收房屋室内装饰装修价值,机器设备、物资等搬迁费用,以及停产停业损失等补偿,由征收当事人协商确定;协商不成的,可以委托房地产价格评估机构通过评估确定。

举一反三

房屋征收中的补偿不是由征收机关随意作出的,而是由经合法程序选定的具有相应资质的房地产价格评估机构按照房屋征收评估办法评估确定。评估机构在评估房屋价值时要实地查勘,了解房屋现状,最终根据房屋的区位、用途、建筑结构、新旧程度、建筑面积以及占地面积、土地使用权、装修状态等综合因素作出评估价格。因此，决定房屋价值的因素有很多，同一个小区或者片区的房屋极有可能出现不同的评估结果，以此为依据的补偿金额也会出现差别。

45 房屋被征收期间，被征收人享有哪些权利？

遇事

姚某的房屋位于A市汽车产业开发区车城422室，后该区域纳入当地征收范围。从2018年7月开始，A市B区人民政府多次对姚某采取断水断电、封堵大门、破坏道路、破坏房屋等方式逼迫姚某同意搬迁。姚某及其家人不胜其扰，觉得虽然作为被征收人有配合征收的义务，但是也不能任由征收人恐吓、威胁且不给予任何补偿，遂以B区人民政府为被告，要求对B区人民政府中断供水、供热、供气、供电和阻碍道路通行的行为确认为违法，同时要依法补偿姚某的损失。

说法

姚某作为被征收人在面对国家为了公共利益而征收时，应当予以配合，但这并不意味着姚某的合法权益就可以被肆意践踏而不受保护。本案中姚某享有的权利包括：

1.获得公平补偿的权利。补偿的内容包括被征收房屋价值，因征收房屋造成的搬迁、临时安置费用，因征收房屋造成的停产停业损失，同时还有可能获得当地人民政府的补助和奖励。具体而言，被征收人在面对房屋价值补偿时，还享有选择货币补偿还是产权调换的权利。

2.享有举报违反《国有土地上房屋征收与补偿条例》的行为的权利。接到举报的有关人民政府、房屋征收部门和其他有关部门对举报应当及时核实、处理。本案中，姚某对于当地政府断水断电、阻碍道路等违法行为享有举报权。

3.享有获取救济的权利。对于评估机构作出的评估结果有异议的，享有向房地产价格评估机构申请复核评估的权利，对复核结果有异议的，享有向被征收房屋所在地评估专家委员会申请鉴定的权利。对于房屋征收决定、补偿方案不服的，享有提起行政复议和行政诉讼的权利。对于签订补偿协议后不履行的，享有起诉的权利。

🔍 找法

《国有土地上房屋征收与补偿条例》

第二条 为了公共利益的需要，征收国有土地上单位、个人的房屋，应当对被征收房屋所有权人（以下称被征收人）给予公平补偿。

第七条 任何组织和个人对违反本条例规定的行为，都有权向有关人民政府、房屋征收部门和其他有关部门举报。接到举报的有关人民政府、房屋征收部门和其他有关部门对举报应当及时核实、处理。

监察机关应当加强对参与房屋征收与补偿工作的政府和有关部门或者单位及其工作人员的监察。

第十三条 市、县级人民政府作出房屋征收决定后应当及时公告。公告应当载明征收补偿方案和行政复议、行政诉讼权利等事项。

市、县级人民政府及房屋征收部门应当做好房屋征收与补偿的宣传、解释工作。

房屋被依法征收的，国有土地使用权同时收回。

第十七条 作出房屋征收决定的市、县级人民政府对被征收人给予的补偿包括：

（一）被征收房屋价值的补偿；

（二）因征收房屋造成的搬迁、临时安置的补偿；

（三）因征收房屋造成的停产停业损失的补偿。

市、县级人民政府应当制定补助和奖励办法，对被征收人给予补助和奖励。

第二十五条 房屋征收部门与被征收人依照本条例的规定，就补偿方式、补偿金额和支付期限、用于产权调换房屋的地点和面积、搬迁费、临时安置费或者周转用房、停产停业损失、搬迁期限、过渡方式和过渡期限等事项，订立补偿协议。

补偿协议订立后，一方当事人不履行补偿协议约定的义务的，另一方当事人可以依法提起诉讼。

举一反三

国有土地上房屋征收因其为了实现公共利益而要求私人财产权利做出适当让步，因此征收具有强制性。但这种强制性并不意味着被征收人只能无条件服从。为了保护被征收人的合法权益，《国有土地上房屋征收与补偿条例》对被征收人的权益保障作出了全面细致的法律规定，被征收人既可以从实体上获得公平的补偿，也可以通过举报及时制止征收人的违法活动，并在自身权益受到不法侵害时有权通过各种救济途径获得保护。因此，被征收人在房屋征收中虽然属于被强制拆除房屋的一方，但是其合法权益依旧受到法律保护，任何人不能侵害。

46 被征收人的住房保障权利是什么？

遇事

康某的房屋位于S市P区某街道，属于S市P区城中村改造项目征收范围内。2019年9月19日，S市P区对康某作出了《S市P区人民政府征收补偿决定》。康某认为，S市P区作出该征收补偿决定无合法依据，其内容和程序等方面也严重违反了《国有土地上房屋征收与补偿条例》等相关法律法规，不能给康某提供保障性住房且不能提供过渡期间住房，严重侵害了康某的居住权等相应权利。故，康某提起诉讼，请求撤销S市P区于2019年9月19日对康某作出的《S市P区人民政府征收补偿决定》。

说法

住有所居，是人民群众对美好生活向往的重要内容。保障公民的居住权是保障公民基本权利的体现。《国有土地上房屋征收与补偿条例》第18条明确规定，征收个人住宅，被征收人符合住房保障条件的，作出房屋征收决定的市、县级人民政府应当优先给予住房保障。具体办法由省、自治区、直辖市制定。该条例第21条第1款也规定了，被征收人可以选择货币补偿，也可以选择房屋产权调换。由此可知，征收个人住宅的，应当保障被征收人的住房的权利。

本案中，S市P区政府作出的补偿决定仅给予康某货币补偿，未给予康某选择房屋产权调换的权利，未能保障被征收人康某住有所居的基本权利，且S市P区政府也未提供康某明确拒绝产权调换的相关证据，故康某请求撤销被诉补偿决定应当得到支持。

找法

《中华人民共和国民法典》

第二百四十三条第三款　征收组织、个人的房屋以及其他不动产，应当依法给予征收补偿，维护被征收人的合法权益；征收个人住宅的，还应当保障被征收人的居住条件。

《国有土地上房屋征收与补偿条例》

第十八条　征收个人住宅，被征收人符合住房保障条件的，作出房屋征收决定的市、县级人民政府应当优先给予住房保障。具体办法由省、自治区、直辖市制定。

举一反三

征收个人住宅的，如果被征收人仅有一套住宅，则被征收人会因该征收行为丧失了居所，所以国家在法律法规中明确设定了保障被征收人住房的条款，但这并没有给征收单位任意选择补偿条件的权力。对于什么样的条件属于"符合住房保障的条件"，各省、自治区、直辖市规定了具体标准，被征收人可以参考当地的具体规定，或者咨询专业律师等法律人员。

一、国有土地上房屋征收与补偿

47 房屋征收决定作出后超过6个月才知道的，能否提起行政诉讼？

遇事

李四等24人系某市C区原C区砖瓦厂（简称原砖厂）职工，后因砖厂倒闭下岗，李四等24人于2006年4、5月间与原砖厂签订《安置职工协议书》，原砖厂在位于厂房用地范围内的土地上建房解决职工住房，以部分土地使用权折算为下岗职工的工龄补偿费，进行一次性安置。

C区人民政府于2015年11月30日发布的《通告》中，将李四等24人的房屋纳入房屋征收决定中，李四等24人不服提起行政诉讼。在诉讼中，李四等24人于2017年3月31日申请政府信息公开，C区人民政府提供《凤凰山路征收决定》，至此，李四等24人才获知2016年3月19日C区人民政府作出《凤凰山路征收决定》，李四等24人的房屋被纳入该项目房屋征收范围。2017年5月，李四等24人以不服C区人民政府作出的《凤凰山路征收决定》为由诉至法院，要求撤销该征收决定。

说法

通过行政诉讼维护自身权益时不得随意为之，应当符合行政诉讼法的相关规定。本案中，C区人民政府于2016年3月19日作出《凤凰山路征收决定》，李四等24人2017年5月才提起行政诉讼，表面上看超出了法律规定的6个月内起诉的期限。但是值得注意的是，《行政诉讼法》第46条第1款规定，公民、法人或者其他组织直接向人民法院提起诉讼的，应当自知道或者应当知道作出行政行为之日起6个月内提出。法律另有规定的除外。本案中，李四等24人直到2017年3月31日向C区人民政府申请政府信息公开，才获知其房屋已经被纳入《凤凰山路征收决定》的事实，属于自2017年3月31日才知道C区人民政府的行政行为，因此李四等24人于2017年5月提起诉讼并未超过法定起诉期限。且李四等24人的房屋位于《凤凰山路征收决定》的征收范围内，征收决定与其有法律上的利害关系，根据《行政诉讼法》第25条的规定，李四等24人具有提起诉讼的主体资格。

找法

《中华人民共和国行政诉讼法》

第二十五条第一款　行政行为的相对人以及其他与行政行为有利害关系的公民、法人或者其他组织，有权提起诉讼。

第四十六条第一款　公民、法人或者其他组织直接向人民法院提起诉讼的，应当自知道或者应当知道作出行政行为之日起六个月内提出。法律另有规定的除外。

举一反三

房屋征收决定公告由市、县级人民政府发布，一般张贴于征收范围内较为醒目、容易被公众查看的地点，同时也会通过报纸、电视、官方网络账号等新闻媒体予以公布。通过发布房屋征收决定公告，使被征收人在正常情况下了解自己已成为被征收当事人，同时也了解被征收人的权利和义务。房屋征收决定公告的内容一般包括征收补偿方案和行政复议、行政诉讼权利等事项，被征收人可以对造成自身财产损失的征收公告这一行政行为提起行政复议或行政诉讼来维护自身合法权益。

一、国有土地上房屋征收与补偿

48 征收中涉及文物应如何处理？

遇事

某市×区人民政府于2015年8月14日作出《某市×区人民政府征收补偿决定书》，对登记在杨某某、陈某名下的房屋进行征收与补偿。杨某某不服，向某市政府申请行政复议。某市人民政府于2015年12月7日作出《某市人民政府行政复议决定书》，杨某某依旧不服，于2015年12月12日向某市中级人民法院提起行政诉讼。杨某某认为，其名下的该房屋是合法继承，该房屋是古代建筑，在全国第三次文物普查中被列为不可移动的文物。政府征收决定中公布的征收房屋的目的是危旧房改造，而自己的房屋不属于危房，而是属于不可移动文物。因此，杨某某认为政府的征收补偿决定适用法律错误，且征收决定违法，请求法院判决撤销该征收补偿决定并撤销复议决定。

说法

《国有土地上房屋征收与补偿条例》第2条规定，为了公共利益的需要，征收国有土地上单位、个人的房屋，应当对被征收房屋所有权人给予公平补偿。本案中，×区人民政府因危旧房改造，提升主城区环境品质需要，对涉案地块的房屋进行征收，属于为了公共利益的需要。同时，本案中政府征收的杨某某房屋属于文物，根据《中华人民共和国文物保护法》第26条第1款规定，使用不可移动文物，必须遵守不改变文物原状的原则，负责保护建筑物及其附属文物的安全，不得损毁、改建、添建或者拆除不可移动文物。本案中，×区人民政府并未在征收补偿决定中表述将要对涉案房屋进行拆除或者损毁的内容。该征收虽然收回了房屋所有权人的房屋所有权，但并不意味着×区人民政府一定会拆除该房屋。

因此，×区人民政府为了对危旧房进行改造，以提升主城区环境品质，属于为了公共利益,可以对该区域内的房屋予以征收。但同时依据我国文物保护法律法规的规定,政府在征收后应当按照《中华人民共和国文物保护法》的规定进行修缮和保护,被征收人应当根据政策和公共利益配合征收工作,妥善协商征收方案。

找法

《中华人民共和国文物保护法》

第二十六条 使用不可移动文物,必须遵守不改变文物原状的原则,负责保护建筑物及其附属文物的安全,不得损毁、改建、添建或者拆除不可移动文物。

对危害文物保护单位安全、破坏文物保护单位历史风貌的建筑物、构筑物,当地人民政府应当及时调查处理,必要时,对该建筑物、构筑物予以拆迁。

《国有土地上房屋征收与补偿条例》

第二条 为了公共利益的需要,征收国有土地上单位、个人的房屋,应当对被征收房屋所有权人(以下称被征收人)给予公平补偿。

举一反三

被列为不可移动的非公有文物,具有特殊性,在遇到征收的时候,除了本身的文化价值、历史价值以外,该财产所有权人的家族传承等因素都应当被考虑在内,但并非不可被征收的。为了保护公共利益或者国家利益,根据我国相关法律法规,文物也可以被征收。但是对于诸如房屋等不可移动文物,在遇到征收时不是直接予以拆除,而是将

一、国有土地上房屋征收与补偿

所有权转移至政府名下，由政府维持修缮和保护，让原所有权人更换新的居所。在实际征收中涉及不可移动文物的，如原住居民有能力对不可移动文物进行维修养护且专业维护能力等相关技术达标，也可以与征收部门妥善协商，对被拆迁且具有文物性质的房屋能够拥有一定的使用期限。

49 政府收回划拨土地使用权是否需要补偿？

遇事

1998年4月18日，张三与某市果品公司签订《协议书》，某市果品公司将果品购销站出售给张三。张三在协议签订后一次性向某市果品公司主管部门市联社支付3万元，原承包未到期的承包费不退。该购销站建筑面积240平方米，占地面积5940平方米，某市果品公司负责为张三办理房照、土地使用证。协议签订后，张三于1998年取得国有土地使用证，使用权证载明该地块面积为5940平方米，用途为商业。为经营需要，张三于2007年8月花费22395.8元办理了三相动力电。

2013年4月26日，原国土资源部出具了关于H市青山水库工程建设用地的批复，张三购买的以上果品购销站处于工程征收范围内。在征收过程中，张三与当地政府就土地补偿费没有达成协议。2016年11月21日，该市人民政府单方将土地补偿费17.82万元拨至张三所在的某市三道沟×族乡农经站，2017年4月，市人民政府实际占用了张三使用的以上土地。张三多次要求给付合理的土地补偿费，一直没有得到解决。张三于2017年11月22日就此提起诉讼，要求就以上取得国有土地使用权证书的土地使用权被收回后予以补偿。而市人民政府认为本案中征收的是房屋，同时收回国有土地使用权，而不是征收土地使用权，且其国有土地使用权取得方式为划拨。果品公司改制转让收购资产，张三作为受让人，只向果品公司的主管部门市联社交付了《协议书》约定价款3万元，没有向土地局交付土地出让金，所以收购站的土地使用权取得方式依然为划拨取得。因此，政府收回国有划拨土地使用权不应予以补偿。那么，政府收回划拨土地使用权是否需要补偿呢？

说法

根据《中华人民共和国土地管理法》第58条的规定，为实施城市规划进行旧城区改建以及其他公共利益需要，确需使用土地的，由有关人民政府自然资源主管部门报经原批准用地的人民政府或者有批准权的人民政府批准，可以收回国有土地使用权。依照前述规定收回国有土地使用权的，对土地使用权人应当给予适当补偿。《中华人民共和国城市房地产管理法》第20条规定，国家对土地使用者依法取得的土地使用权，在出让合同约定的使用年限届满前不收回；在特殊情况下，根据社会公共利益的需要，可以依照法律程序提前收回，并根据土地使用者使用土地的实际年限和开发土地的实际情况给予相应的补偿。因此，划拨土地使用权也是土地使用者依法取得的土地使用权，不能仅以土地使用权系划拨方式取得为由认定土地使用者无权获得土地使用权补偿。国有土地使用权以出让方式供应的，应当根据土地面积、剩余土地使用年限、原批准用途、土地开发利用程度、城市规划限制等，参照市场地价水平经专业评估后予以补偿；收回的国有土地使用权以划拨方式供应的，参照评估的划拨土地使用权价格，核定土地使用者应有权益后予以补偿；确定补偿标准的基准日，原则上应当以行政主体作出收回决定的日期或者以收回土地事宜向社会公告的日期为准。本案中，人民法院最终判决该市人民政府一次性给付张三案涉土地补偿费194.83万元。

找法

《中华人民共和国土地管理法》

第五十八条　有下列情形之一的，由有关人民政府自然资源主管部门报经原批准用地的人民政府或者有批准权的人民政府批准，可以收回国有土地使用权：

（一）为实施城市规划进行旧城区改建以及其他公共利益需要，确需使用土地的；

（二）土地出让等有偿使用合同约定的使用期限届满，土地使用者未申请续期或者申请续期未获批准的；

（三）因单位撤销、迁移等原因，停止使用原划拨的国有土地的；

（四）公路、铁路、机场、矿场等经核准报废的。

依照前款第（一）项的规定收回国有土地使用权的，对土地使用权人应当给予适当补偿。

《中华人民共和国城市房地产管理办法》

第二十条 国家对土地使用者依法取得的土地使用权，在出让合同约定的使用年限届满前不收回；在特殊情况下，根据社会公共利益的需要，可以依照法律程序提前收回，并根据土地使用者使用土地的实际年限和开发土地的实际情况给予相应的补偿。

举一反三

我国城市土地属于国家所有，土地使用权人可以通过划拨或者出让方式取得土地使用权，进而利用该土地从事建筑建设活动。一般而言，划拨取得的土地使用权是无偿取得的，而出让则是通过协议或者招标、拍卖、挂牌等方式有偿取得土地使用权。根据我国法律法规规定，土地、房屋等财产征收征用应遵循及时合理补偿原则，应给予被征收人公平合理补偿。被征收土地的性质不论是划拨用地还是出让用地，均是土地使用者合法取得，征收部门不能以土地是划拨取得为由就认定土地使用者无权获得相应补偿。

一、国有土地上房屋征收与补偿

50 房屋征收时，同住的非所有权人可以签订补偿协议吗？

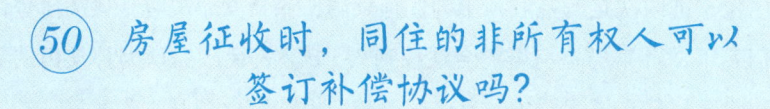

遇事

孙某男、徐某女于1998年3月10日登记结婚。1998年6月20日，孙某男就位于B市S区某镇西城一队的283.92平方米的集体土地领取了建设用地使用证，1999年10月21日，孙某男领取了该土地上建筑面积为342.45平方米房屋的所有权证。孙某、张某系孙某男的父母，其二人户籍登记在孙某男家庭户，并居住在涉案房屋内。

2016年12月14日，S区人民政府作出关于西城社区棚户区改造项目房屋征收的决定，孙某男的以上房屋及土地位于征收范围内。在房屋征收实施过程中，S区相南街道办事处（房屋征收实施单位）对涉案房屋土地进行了调查核实，孙某在调查核实明细表上签名。2017年5月4日，孙某、张某分别在《房屋征收补偿协议》上签名后，该补偿协议被提交至房屋征收实施单位。随后该房屋被拆除。

2017年8月5日，孙某男、徐某女以快递方式向S区人民政府递交了房屋征收补偿申请，请求S区人民政府就被拆除的以上两套房屋向其二人作出征收补偿。S区人民政府主张孙某男的父母孙某、张某已经签订了征收补偿协议，不能再次补偿。而孙某男、徐某女认为征收部门未与房屋所有权人签订补偿协议的做法不合法。

说法

根据《国有土地上房屋征收与补偿条例》第4条、第8条、第26条的规定，市、县级人民政府是作出房屋征收决定的权力主体，也是负责征收补偿工作的责任主体。本案中，S区人民政府作出了征收决定，孙某男、徐某女的房屋位于征收决定的征收范围内。孙某男、徐某女系夫妻，该房屋登记在孙某男名下，孙某男是房屋的合法权利人。S区人民政府认为孙某男的父母孙某、张某居住在该房屋内，且在同一户口上，因此孙某、张某签订的《房屋征收补偿协议》是合法有效的。但事实上，孙某、张某并非该两套房屋的登记所有权人，S区人民政府也未能提供证据证明张某、张某签订协议时获得了孙某男的授权或者孙某男事后予以了认可。因此，在该房屋已被拆除，而孙某男、徐某女未获得安置补偿的情况下，二人有权向S区人民政府主张补偿安置。S区人民政府不能以所有权人孙某男的父母已签订了补偿协议予以对抗。

找法

《国有土地上房屋征收与补偿条例》

第十七条 作出房屋征收决定的市、县级人民政府对被征收人给予的补偿包括：

（一）被征收房屋价值的补偿；

（二）因征收房屋造成的搬迁、临时安置的补偿；

（三）因征收房屋造成的停产停业损失的补偿。

市、县级人民政府应当制定补助和奖励办法，对被征收人给予补助和奖励。

第二十六条 房屋征收部门与被征收人在征收补偿方案确定的签约期限内达不成补偿协议，或者被征收房屋所有权人不明确的，由房屋征收部门报请作出房屋征收决定的市、县级人民政府依照本条例的规定，按照征收补偿方案作出补偿决定，并在房屋征收范围内予以公告。

补偿决定应当公平，包括本条例第二十五条第一款规定的有关补偿协议的事项。

被征收人对补偿决定不服的，可以依法申请行政复议，也可以依法提起行政诉讼。

一、国有土地上房屋征收与补偿

举一反三

在实际征收过程中,征收部门面对房屋共同居住人表示可以代表房屋所有权人签署补偿安置协议的,征收主体部门不能简单地基于信任而与之签署协议,而应当充分调查走访,确认所有权人同意或授权。否则,一旦房屋所有权人事后反悔不认可所签协议,或者确实属于共同居住人的补偿意愿与房屋所有权人意愿不一致的,则征收机关会面临诉讼风险。

遇事找法 房屋拆迁、补偿、安置纠纷一站式法律指引

51 房屋征收面积计算以什么为依据？

遇事

2014年1月10日，T市某旗人民政府为推进城乡一体化发展示范镇建设作出《房屋征收的决定》并予以公告，孙某某的房屋在征收范围内。因未能与被征收人就价格评估机构的选择达成一致意见，故某旗人民政府采取抽签的方式，确定T市某房地产价格评估事务所为评估机构，并由公证处对抽签过程进行了公证。该评估事务所经评估，作出《房地产估价报告》并向孙某某送达。2014年6月18日，某旗人民政府依据估价报告对孙某某所有的房屋作出《关于孙某某房屋征收补偿的决定》，该决定中按照孙某某房屋建筑面积177.6平方米（房本记载面积）作为补偿标准计算补偿。2014年12月10日，某旗国土资源局作出《关于收回某镇居民孙某某国有建设用地使用权的决定》，孙某某不服该补偿决定，向T市某旗人民政府提起行政复议，后对复议决定不服于2014年12月1日向法院提起行政诉讼，要求撤销某旗人民政府作出的征收补偿决定。孙某某依据该旗某镇城乡建设管理所2014年11月28日送达的《房屋变更登记通知书》，于2015年1月13日申请将其房屋产权证中记载的房屋面积更正为184.88平方米。此种情形下，孙某某的拆迁房屋面积究竟以哪个为准？

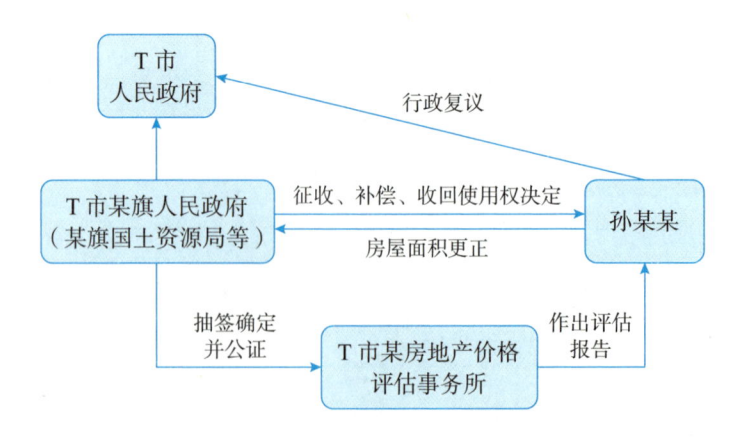

150

说法

本案中，当地人民政府就孙某某房屋的征收补偿决定以评估机构按照房本上记载的建筑面积177.6平方米计算，而其后城乡建设管理所依据房产登记簿记载将孙某某的房屋面积变更登记为184.88平方米，二者发生了矛盾，且在举证期限内，该旗人民政府未能提交孙某某该房屋的房产登记簿加以证明。根据《国有土地上房屋征收评估办法》第9条第3款规定："对于已经登记的房屋，其性质、用途和建筑面积，一般以房屋权属证书和房屋登记簿的记载为准；房屋权属证书与房屋登记簿的记载不一致的，除有证据证明房屋登记簿确有错误外，以房屋登记簿为准。对于未经登记的建筑，应当按照市、县级人民政府的认定、处理结果进行评估。"可见，依据法律规定，登记簿记载的数据为第一参考数据，除非有充足的证据证明登记簿记载的数据有误，否则以登记簿记载的面积为计算依据。本案中，在城乡建设管理所的房屋登记簿上孙某某的房屋为184.88平方米，人民政府依据房本上记载的177.6平方米计算是错误的，该旗人民政府作出的《关于孙某某房屋征收补偿的决定》，应予撤销。

找法

《中华人民共和国民法典》

第二百一十六条　不动产登记簿是物权归属和内容的根据。

不动产登记簿由登记机构管理。

第二百一十七条　不动产权属证书是权利人享有该不动产物权的证明。不动产权属证书记载的事项，应当与不动产登记簿一致；记载不一致的，除有证据证明不动产登记簿确有错误外，以不动产登记簿为准。

《国有土地上房屋征收评估办法》

第九条第三款　对于已经登记的房屋，其性质、用途和建筑面积，一般以房屋权属证书和房屋登记簿的记载为准；房屋权属证书与房屋登记簿的记载不一致的，除有证据证明房屋登记簿确有错误外，以房屋登记簿为准。对于未经登记的建筑，应当按照市、县级人民政府的认定、处理结果进行评估。

举一反三

建筑面积是指房屋建筑水平平面面积，以平方米为单位计算出的建筑物各层面积的总和。建筑面积包括使用面积、辅助面积和结构面积。房屋征收通常以房屋建筑面积为依据进行补偿与安置。根据我国相关法律规定，对于已经登记且确权的房屋，房屋建筑面积一般以房屋权属证书和房屋登记簿的记载为准；房屋权属证书与房屋登记簿的记载不一致的，除有证据证明房屋登记簿确有错误外，以房屋登记簿为准。房屋登记簿是房屋权利归属和内容的根据，是房屋登记机构制作和管理的，用于记载房屋基本状况、房屋权利状况以及其他依法应当登记事项的特定簿册。房屋权属证书，俗称"房本"，则是由房屋登记机构根据房屋登记簿的记载缮写，并向权利人发放的享有房屋权利的证明，是房屋登记簿的外在表现形式，包括《房屋所有权证》《房屋他项权证》等。房屋权属证书、登记证明破损的，权利人可以向房屋登记机构申请换发。对于未登记的房屋，可以依据相关建房批准文件上登记面积为准。如对被征收房屋权属证书、房屋登记簿的记载或批准文件登记的建筑面积有异议，可委托房屋面积鉴定机构予以鉴定。未设立房屋面积鉴定机构的，可以委托有资质的房产测绘单位予以测算。

一、国有土地上房屋征收与补偿

52 "住宅改商用"的房屋应该怎么补偿？

遇事

贾某名下有房产一套，房屋所有权证书上记载了建筑面积分别为12.86平方米、13.82平方米、55.18平方米，设计用途为住宅，同时还有自建房15.4平方米。贾某持有的国有土地使用权证书记载的土地使用面积为114.90平方米，划拨用地。贾某以该登记为住宅的房屋从事餐饮服务，其个体工商营业执照（小吃店、面食）餐饮服务许可证有效期至2016年4月27日。2015年2月16日，J区人民政府对J区健康路八、九号街坊旧城改造项目发布《房屋征收决定公告》，贾某的以上房屋处于该征收范围内。经评估，贾某被征收房屋住宅部分单价3100元/平方米、自建房单价860元/平方米、大门500元、菜窖1200元、围墙739.2元、硬化617.4元。2015年4月28日，J区人民政府作出房屋征收补偿决定。贾某认为J区人民政府作出的房屋征收补偿决定按照住宅予以补偿，无视其商业用房的事实，侵犯了其合法权益，政府应当按照商用房标准进行补偿，遂提起诉讼。

说法

在为公共利益需要征收房屋时，应充分保障被征收房屋所有权人的合法权益。在城市房屋征收过程中，尤其要注意合法合情合理地解决其中久拖不决的遗留问题。《国务院办公厅关于认真做好城镇房屋拆迁工作维护社会稳定的紧急通知》第四部分"完善相关政策措施，妥善解决遗留问题"中明确要求，"各地要本着实事求是的原则，采取积极有效的措施，切实解决城市房屋拆迁中久拖不决的遗留问题。对拆迁范围内产权性质为住宅，但已依法取得营业执照经营性用房的补偿，各地可根据其经营情况、经营年限及纳税等实际情况给予适当补偿。"该通知明确了解决城市房屋拆迁中久拖不决遗留问题的基本原则，即对待遗留问题，不能完全按照产权性质一刀切，只给予住宅补偿而不给予"住宅改商用"房屋有关经营方面的任何补偿。

本案中，贾某的房屋产权性质虽为住宅，但贾某提交了营业执照、许可证、税务登记等若干可以证明其房屋用于餐饮经营的证据，贾某的房屋属于国务院通知中明确"应给予适当补偿"的情形，因此，本案在经过一审、二审后，由最高人民法院裁决应通过重审进一步查明案件事实，根据实际情形给予补偿。

找法

《中华人民共和国民法典》

第二百七十九条 业主不得违反法律、法规以及管理规约，将住宅改变为经营性用房。业主将住宅改变为经营性用房的，除遵守法律、法规以及管理规约外，应当经有利害关系的业主一致同意。

《国务院办公厅关于认真做好城镇房屋拆迁工作维护社会稳定的紧急通知》

四、完善相关政策措施，妥善解决遗留问题

各地要本着实事求是的原则，采取积极有效的措施，切实解决城市房屋拆迁中久拖不决的遗留问题。对拆迁范围内产权性质为住宅，但已依法取得营业执照经营性用房的补偿，各地可根据其经营情况、经营年限及纳税等实际情况给予适当补偿。对拆迁范围内由于历史原因造成的手续不全房屋，应依据现行有关法律法规补办手续。对政策不明确但确属合理要求的，要抓紧制订相应的政策，限期处理解决；一时难以解决的，要耐心细致地做好解释工作，并积极创造条件，争取早日解决。对因房地产开发企业没有能力完成建设项目导致拆迁补偿资金不落实、安置用房不到位的问题，地方政府要采取有效措施，督促开发企业抓紧落实；或先行解决拆迁补偿安置问题，再根据法律法规和拆迁合同约定，追究开发企业的责任。

举一反三

"住宅改商用"是社会生活中常见的情形。《民法典》第279条规定了住宅改商用的两个条件：一是没有违反任何禁止性规定；二是必须经有利害关系的业主同意，不能让其他人生活受到影响。《民法典》对于住宅改商用的条件规定得更为严格。

对于历史上已经形成的住宅改商用房屋，在拆迁时应当按照经营住房予以补偿。一般经营性用房获得停产停业损失补偿的，要满足三个条件：即房屋合法、拥有营业执照以及在被征收房屋内有实际经营事实。"住宅改商用"房屋补偿标准，可根据国务院相关文件精神予以确定。即在征收范围内产权性质为住宅，但已依法取得营业执照的经营性用房，可以按照经营性用房予以补偿，各地方可以根据其经营情况、经营年限及纳税等实际情况给予适当补偿。被征收人发现补偿低于被征收人预期标准，或低于周边类似房地产市场价的，可以通过积极谈判予以解决，不能达成一致意见的，可及时寻求法律救济，通过行政复议或行政诉讼来维护自己的合法权益。

53 评估结论是房屋征收补偿的最终标准吗？

遇事

2014年9月22日，K区征收办在征求被征收人意见后，以投票结果的多数确定了K区内燃机宿舍片旧城改造项目的预签约评估机构为某评估公司。2015年1月12日，K区征收办公示了某评估公司出具的被征收房屋价值补偿的分户正式评估初步结果，并告知复核权利及期限。其中，某评估公司对曾某的房屋作出《分户评估报告》，该报告明确告知了被征收人对评估结果有异议申请复核鉴定的救济权和救济途径。

《分户评估报告》于2016年10月12日公告送达曾某。曾某认为评估报告中的评估价格过低，但其既没有对评估结果申请复核和鉴定，也未提供证据证明本案评估机构存在未考虑应当考虑的因素、评估价格不符合一般常理、评估工作受到了外界的非法干预、评估机构存在不是依法独立、客观、公正地开展评估工作等情形的证据，只是单纯地提出诉讼。那么根据该评估报告作出的补偿决定是否属于最终补偿标准？

说法

《国有土地上房屋征收与补偿条例》第2条、第26条第2款规定了要对被征收人应给予公平补偿。但是，近年来，由于房屋价格波动幅度较大，如果征收决定公告日与作出补偿决定之日之间间隔较远，就会出现确定并支付货币补偿金时点明显迟延于房屋价值的评估时点（征收决定公告时点），难以保障被征收人拿到的货币补偿金能够购买与被征收房屋类似的房产，这显然无法体现公平补偿原则。在此情况下，可参照《房地产抵押估价指导意见》第26条"估价报告应用有效期从估价报告出具之日起计，不得超过一年；房地产估价师预计估价对象的市场价格将有较大变化的，应当缩短估价报告应用有效期。超过估价报告应用有效期使用估价报告的，相关责任由使用者承担。在估价报告应用有效期内使用估价报告的，相关责任由出具估价报告的估价机构承担，但使用者不当使用的除外"的规定对相关情况进行判断。

本案中，评估报告在作出后将近1年半才予以送达，造成送达时房屋价格显然高于评估时。对于市、县级人民政府在评估报告作出后1年后才进行补偿的，行政机关应进行合理的解释说明，如果能够证明延迟送达评估报告且之后作出补偿决定是因为被征收人的原因造成的，或虽延迟作出补偿决定但足以实现公平补偿的，认可补偿决定的合法性；如果延迟作出补偿决定是因房屋征收部门或市、县级人民政府造成的，且在此期间房屋价格发生较大幅度上涨，则再以评估报告作为补偿依据不符合《国有土地上房屋征收与补偿条例》规定的公平补偿原则，不宜再坚持必须以"征收决定公告之日"作为确定补偿的评估时点。本案中，补偿决定距评估报告作出时间已经超过1年，在此情况下应充分考虑作出补偿决定时参照已经过分延迟评估报告的原因，再根据具体原因最终作出补偿决定。

找法

《国有土地上房屋征收评估办法》

第八条第一款 被征收房屋价值评估目的应当表述为"为房屋征收部门与被征收人确定被征收房屋价值的补偿提供依据，评估被征收房屋的价值"。

第十七条第一款 分户初步评估结果公示期满后，房地产价格评估机构应当向房屋征收部门提供委托评估范围内被征收房屋的整体评估报告和分户评估报告。房屋征收部门应当向被征收人转交分户评估报告。

第二十五条 评估专家委员会应当自收到鉴定申请之日起10日内，对申请鉴定评估报告的评估程序、评估依据、评估假设、评估技术路线、评估方法选用、参数选取、评估结果确定方式等评估技术问题进行审核，出具书面鉴定意见。

经评估专家委员会鉴定，评估报告不存在技术问题的，应当维持评估报告；评估报告存在技术问题的，出具评估报告的房地产价格评估机构应当改正错误，重新出具评估报告。

举一反三

《国有土地上房屋征收评估办法》第8条第1款规定，被征收房屋价值评估目的应当表述为"为房屋征收部门与被征收人确定被征收房屋价值的补偿提供依据，评估被征收房屋的价值"。由此可知，评估结论是房屋征收补偿的标准，但如果评估报告存在选定程序不合法等违法情形，并非不能更改。根据房屋评估具体要求，评估机构的选定程序要合法合规，评估人员要符合具体条件，评估机构要进行现场查勘，被征收房屋价值评估时间节点为房屋征收决定发布公告之日，评估结果要公告。虽然评估报告的结果是征收方确定房屋价值的依据，但是在实践中征收补偿方案依旧是被征收人与征收人双方协商的结果。如果被征收人对评估报告不满意的，可以通过申请复核、鉴定方式来救济，如果对鉴定意见仍有异议的，可依法申请行政复议或者提起行政诉讼。所以，当被征收人对评估报告存有疑惑或不满意时，并非房屋征收补偿一定就是最终补偿标准，尤其是在评估存在违法事由或者是补偿决定在评估报告作出后1年以上作出的，被征收人要积极寻求法律救济，维护自己的合法权益。

一、国有土地上房屋征收与补偿

54 对房屋征收决定不服的，如何提出行政复议或行政诉讼？

遇事

2018年7月30日，Z市政府作出《Z市迎宾大道及其周边局部地块区域建设项目房屋征收通告》，并在征收范围内进行张贴，告知征收范围、禁止事项、暂停期限等事宜。2018年8月27日，Z市政府房屋征收办公室对以上建设项目房屋征收范围内的被征收人房屋及附属物进行了摸底调查，并将摸底调查情况进行公示。王博某、王平某、王力某、王某、姚珍某所有的房屋被列入本次房屋征收范围内。2018年9月14日，Z市政府将《房屋征收补偿方案（征求意见稿）》在征收范围内征求公众意见，征求意见期限届满后，因无人提出修改意见，Z市政府将房屋征收补偿方案在征收范围内进行公示。2019年1月11日，Z市政府作出房屋征收决定，正式确定此次房屋征收范围、征收部门、实施单位及房屋征收补偿方案，并在征收范围内进行张贴公告。王博某、王平某、王力某、王某、姚珍某不服Z市政府征收行为，想要主张权利，该怎样提起行政复议或者行政诉讼呢？

说法

公民、法人对征收决定不服提出行政复议、行政诉讼应当注意以下几点：

第一，提起行政复议和行政诉讼的时间限制。按照法律规定，被征收人对征收补偿决定不服的，可以提起行政复议，也可以提起行政诉讼，也可以对复议结果不服后再提起行政诉讼。提起行政复议的，一般应当自知道该具体行政行为之日起60日内提出行政复议申请；直接提起行政诉讼的，一般自知道或者应当知道作出行政行为之日起6个月内提出；复议后不服起诉的，在收到复议决定书之日起15日内向人民法院提起诉讼,如果复议机关逾期不作出决定的,可以在复议期满之日起15日内向人民法院提起诉讼。被征收人超出以上期限主张权利的,其请求就不再受到法律保护。

第二,谁有权提起行政复议和行政诉讼。有权提起行政复议或行政诉讼的是申请人或原告,被复议对象或被诉的行政机关是被申请人或被告。一般而言,对于房屋征收决定不服而提起行政诉讼的,原告是被征收房屋的所有权人(以房屋产权登记为准),但也可能是其他应当获得补偿而未获得补偿的被征收人。对于征收决定不服而提起的行政复议或行政诉讼,被申请人或被告是作出征收决定的市、县级人民政府。

找法

《中华人民共和国行政复议法》

第十一条 有下列情形之一的,公民、法人或者其他组织可以依照本法申请行政复议:

(一)对行政机关作出的行政处罚决定不服;

(二)对行政机关作出的行政强制措施、行政强制执行决定不服;

(三)申请行政许可,行政机关拒绝或者在法定期限内不予答复,或者对行政机关作出的有关行政许可的其他决定不服;

(四)对行政机关作出的确认自然资源的所有权或者使用权的决定不服;

(五)对行政机关作出的征收征用决定及其补偿决定不服;

(六)对行政机关作出的赔偿决定或者不予赔偿决定不服;

(七)对行政机关作出的不予受理工伤认定申请的决定或者工伤认定结论不服;

(八)认为行政机关侵犯其经营自主权或者农村土地承包经营权、农村土地经营权;

(九)认为行政机关滥用行政权力排除或者限制竞争;

（十）认为行政机关违法集资、摊派费用或者违法要求履行其他义务；

（十一）申请行政机关履行保护人身权利、财产权利、受教育权利等合法权益的法定职责，行政机关拒绝履行、未依法履行或者不予答复；

（十二）申请行政机关依法给付抚恤金、社会保险待遇或者最低生活保障等社会保障，行政机关没有依法给付；

（十三）认为行政机关不依法订立、不依法履行、未按照约定履行或者违法变更、解除政府特许经营协议、土地房屋征收补偿协议等行政协议；

（十四）认为行政机关在政府信息公开工作中侵犯其合法权益；

（十五）认为行政机关的其他行政行为侵犯其合法权益。

第二十条第一款　公民、法人或者其他组织认为行政行为侵犯其合法权益的，可以自知道或者应当知道该行政行为之日起六十日内提出行政复议申请；但是法律规定的申请期限超过六十日的除外。

《中华人民共和国行政诉讼法》

第四十五条　公民、法人或者其他组织不服复议决定的，可以在收到复议决定书之日起十五日内向人民法院提起诉讼。复议机关逾期不作决定的，申请人可以在复议期满之日起十五日内向人民法院提起诉讼。法律另有规定的除外。

第四十六条　公民、法人或者其他组织直接向人民法院提起诉讼的，应当自知道或者应当知道作出行政行为之日起六个月内提出。法律另有规定的除外。

因不动产提起诉讼的案件自行政行为作出之日起超过二十年，其他案件自行政行为作出之日起超过五年提起诉讼的，人民法院不予受理。

《国有土地上房屋征收与补偿条例》

第十四条　被征收人对市、县级人民政府作出的房屋征收决定不服的，可以依法申请行政复议，也可以依法提起行政诉讼。

举一反三

被征收人对房屋征收决定不服的，必须要有充分的事实根据和法律依据才能提出行政复议或行政诉讼。根据《国有土地上房屋征收与补偿条例》相关规定，征收决定存在以下三个方面的问题时，被征收人可以主张权利，即征收目的不合法，征收程序错误，征收补偿方案不公的，被征收人有权向行政机关提出行政复议，或者向人民法院提起行政诉讼。

一、国有土地上房屋征收与补偿

55 征收房屋产权不明或处于诉讼中，补偿款怎么办？

遇事

赵四原系某公司职工，1995年该公司将南侧家属楼1单元402室分配给赵四居住，赵四缴纳住房集资款4500元。后赵四离开公司，但房屋未退还并居住至今。2015年2月4日，区政府作出《关于南环路银行片区房屋征收决定》，对南环路该公司片区进行房屋征收，房屋征收主体为G区人民政府，房屋征收部门为G区城市房屋征收管理办公室，征收实施单位为Z市城市投资发展（集团）有限公司（以下简称Z公司）。

2015年12月11日，Z公司向赵四下发催告通知书，要求赵四尽快与其就房屋征收达成征收补偿协议。2016年4月28日，赵四原所在公司向Z公司出具情况说明，告知Z公司赵四居住房屋的所有权仍属于公司。2016年5月2日，赵四居住的房屋被拆除。

赵四不明白，在被征收房屋究竟属于赵四还是原公司产权不明，案件还处于诉讼中时，已拆迁房屋的补偿款怎么办，会不会在赵四诉讼后无法获得补偿款？

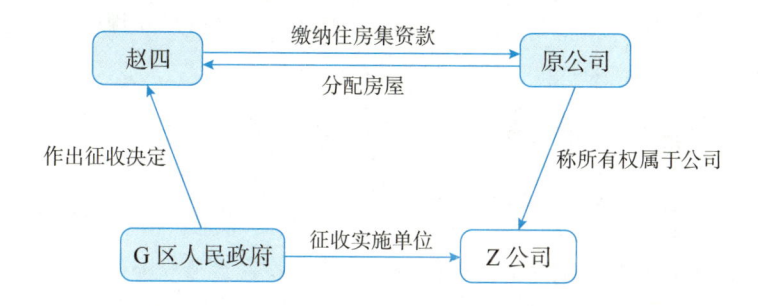

说法

本案中，被征收房屋有赵四和其原公司均主张所有权之情形，处于权利不明的状态。本案中，赵四不能提供房屋所有权证书，而区政府作为征收机关在作出征收补偿中也不能证实被征收房屋的所有权归属，且在后续诉讼中原公司说明该房屋所有权还在公司名下，赵四虽然购买但未办理完毕产权登记，显然在政府作出征收决定时属于房屋所有权人不明确的情形。根据《国有土地上房屋征收与补偿条例》第26条第1款的规定，房屋征收部门与被征收人在征收补偿方案确定的签约期限内达不成补偿协议，或者被征收房屋所有权人不明确的，由房屋征收部门报请作出房屋征收决定的市、县级人民政府依照本条例的规定，按照征收补偿方案作出补偿决定，并在房屋征收范围内予以公告。区政府在房屋所有权人不明情况下，未按法定程序作出房屋征收补偿决定并予以公告，便将赵四居住的房屋拆除，属程序违法，权利人可以要求重新作出决定。但是被征收房屋被拆除是事实，无论所有权人是谁，都应当予以补偿，并不会因所有权主体不明而不予补偿，只是由征收机关办理提存手续，待房屋所有权明确后予以支付。

找法

《中华人民共和国民法典》

第五百七十二条 标的物提存后，债务人应当及时通知债权人或者债权人的继承人、遗产管理人、监护人、财产代管人。

第五百七十四条第一款 债权人可以随时领取提存物……

《国有土地上房屋征收与补偿条例》

第二十六条第一款 房屋征收部门与被征收人在征收补偿方案确定的签约期限内达不成补偿协议，或者被征收房屋所有权人不明确的，由房屋征收部门报请作出房屋征收决定的市、县级人民政府依照本条例的规定，按照征收补偿方案作出补偿决定，并在房屋征收范围内予以公告。

举一反三

提存是指由于债权人的原因而无法向其交付合同标的物时,债务人将该标的物交给提存机关而消灭债务的制度,是使债务关系消灭的一项重要民法制度。《国有土地上房屋征收与补偿条例》第26条中规定的"房屋所有权人不明确"一般指以下几种情况:(1)被征收房屋存在争议,并且正在进行诉讼的;(2)无产权关系证明的;(3)房屋产权人下落不明的;(4)短时间内无法查明被征收房屋产权的合法所有人等情形。遇到上述情况的,根据法律规定房屋征收部门应当报请市、县级人民政府作出补偿决定。而房屋征收补偿部门在报请人民政府作出补偿决定的同时,应当将作出补偿决定的报告内容告知被征收人。在被征收房屋产权存在争议或者是正在进行诉讼的情况下,征收管理部门不能与争议的任何一方签订征收补偿协议,只能由作出征收决定的人民政府依法对被征收的房屋作出征收补偿决定,并将征收补偿款及补偿安置房屋予以提存。在相关争议各方就被征收房屋产权经过民事争议依法解决后,作出征收补偿决定的人民政府依照生效的法律文书,向权利人发放征收补偿款或者补偿安置房屋。

二

集体土地征收与补偿

二、集体土地征收与补偿

> **56** 未承包农村集体所有土地的村民能够参与土地补偿费的分配吗？

遇事

因推进城镇化建设，A镇B村十一组面积为70678.58平方米的集体土地被征收。B村十一组29户代表于2018年5月5日经过召开村民会议，经全体社员讨论一致同意，制订了B村十一组土地征收补偿费用分配方案，决定B村十一组以在册113人为准（在册面积）水旱田征地款平均分配，多余边沟面积以113人平均分配。何某户籍地为A镇B村十一组，在1995年第二轮土地分包之前享有承包土地，但在1995年第二轮土地分包时未分得承包地，故在2018年B村十一组未向其分配土地征收补偿费。

2019年1月4日，何某向人民法院提起诉讼，要求撤销A镇B村第十一村民小组于2018年5月5日制订的土地征收补偿费分配方案，并责令重新制订分配方案。

说法

农村土地征收补偿费是因集体土地被征收而导致农村集体丧失土地所有权而取得的相应补偿，土地补偿费归农村集体经济组织所有。农村集体经济组织决定分配土地征收补偿费，拥有农村集体经济组织成员资格是土地征收补偿费分配的基础，农村集体经济组织成员依法享有涉案土地征收补偿款同等分配权益。在农村集体经济组织中，在分配土地补偿款时，对特定人群实行差别待遇没有法律依据和法理依据，虽然方案可能系经民主议定，但对权利受到侵害的特定人群来说，依旧不能认为是合法的。一概而论的平均分配是不合理的。农村集体土地承包经营权是受法律保护的合法权利，农村集体经济组织在分配土地征收补偿费之前，应当先对因农村土地征收而不能继续

169

实现农村集体土地承包经营权的承包权人进行补偿。这时就需要从被承包土地的多寡、优劣、地上附着物、经济效益以及剩余承包期限等维度去评估此项补偿的金额。除此之外，其余未承包农村土地的本集体经济组织成员并非一概地不能参与土地补偿款的分配，其本身作为农村集体组织一员的身份就确保了其有参与分配的资格。本案中的何某即属于此种情况。本案中，人民法院最终判决撤销了A镇B村第十一村民小组于2018年5月5日制订的土地征收补偿费分配方案。

找法

《中华人民共和国民法典》

第二百四十三条 为了公共利益的需要，依照法律规定的权限和程序可以征收集体所有的土地和组织、个人的房屋以及其他不动产。

征收集体所有的土地，应当依法及时足额支付土地补偿费、安置补助费以及农村村民住宅、其他地上附着物和青苗等的补偿费用，并安排被征地农民的社会保障费用，保障被征地农民的生活，维护被征地农民的合法权益。

征收组织、个人的房屋以及其他不动产，应当依法给予征收补偿，维护被征收人的合法权益；征收个人住宅的，还应当保障被征收人的居住条件。

任何组织或者个人不得贪污、挪用、私分、截留、拖欠征收补偿费等费用。

第二百六十一条 农民集体所有的不动产和动产，属于本集体成员集体所有。

下列事项应当依照法定程序经本集体成员决定：

（一）土地承包方案以及将土地发包给本集体以外的组织或者个人承包；

（二）个别土地承包经营权人之间承包地的调整；

（三）土地补偿费等费用的使用、分配办法；

（四）集体出资的企业的所有权变动等事项；

二、集体土地征收与补偿

（五）法律规定的其他事项。

第二百六十五条 集体所有的财产受法律保护，禁止任何组织或者个人侵占、哄抢、私分、破坏。

农村集体经济组织、村民委员会或者其负责人作出的决定侵害集体成员合法权益的，受侵害的集体成员可以请求人民法院予以撤销。

举一反三

征收农村集体所有的土地，应当补偿土地补偿费、安置补助费以及农村村民住宅、其他地上附着物和青苗等的补偿费用以及被征地农民的社会保障费用，以上补偿款专款专用。其中，土地征收补偿款是对农村集体所有土地所有权丧失的补偿，既包括对农村土地承包权人承包经营权未按约定期限使用的补偿，也包括除此之外对于所有农村经济组织成员丧失土地所有权的补偿，由农村集体经济组织决定具体分配，所有农村集体经济组织成员权益相同。如果农村集体经济组织的分配决定侵犯了成员的合法权益，受侵害的集体成员可以请求人民法院予以撤销。同时，农村土地征收补偿并不仅仅包括对土地的补偿，还包括安置补助费、地上附着物、社会保障费用等，有些费用如社会保障费有其独特的目的，应当视农村集体经济组织成员的实际情况来发放，而不是简单地进行平均分配。

遇事找法 房屋拆迁、补偿、安置纠纷一站式法律指引

57 征收农村集体所有的土地，地上的农作物能够获得补偿吗？

遇事

由于××高速公路建设需要征占土地，2014年10月8日A省B市C区人民政府收到《关于××高速公路工程建设用地的批复》并在2014年10月15日作出《征收土地和安置补偿方案的通告》，并在征收土地所在的松树沟村村务公开栏进行张贴。

梅某某栽植油松的土地在征地范围内，梅某某认为该《征收土地和安置补偿方案的通告》中对地上附着物未予补偿，向B市人民政府提出复议申请，要求撤销该通告。B市人民政府收到复议申请后，于2015年10月15日作出行政复议维持决定。梅某某不服，向人民法院提起诉讼，要求撤销复议决定，撤销《征收土地和安置补偿方案的通告》，并要求足额支付土地补偿费及地上附着物补偿费等费用，诉讼请求得到了人民法院的支持。那么，梅某某的油松地里的窝棚等地上附着物可以获得补偿吗？

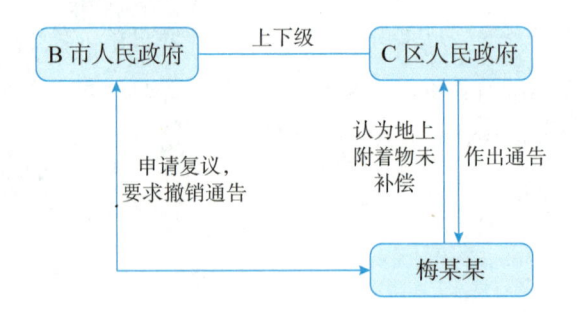

说法

地上附着物，是指在土地上建造的一切建筑物（如平房、楼房及附属房屋等），构筑物（如水塔、水井、桥梁等）及地上定着物（如花草树木、铺

172

设的电缆等）的总称。简言之，地上附着物就是土地上一切有价值、不能移动或移动后价值会发生贬损之物。征收农村集体所有的土地，势必会造成地上附着物的损失，所以应当依法对附着物的权属人进行补偿。本案中，梅某某为了在该地种植油松搭建了窝棚用于临时休息，还修建了一些临时围挡，这些设施在拆迁时都将予以毁坏，应当赔偿梅某某。

找法

《中华人民共和国民法典》

第二百四十三条 为了公共利益的需要，依照法律规定的权限和程序可以征收集体所有的土地和组织、个人的房屋以及其他不动产。

征收集体所有的土地，应当依法及时足额支付土地补偿费、安置补助费以及农村村民住宅、其他地上附着物和青苗等的补偿费用，并安排被征地农民的社会保障费用，保障被征地农民的生活，维护被征地农民的合法权益。

征收组织、个人的房屋以及其他不动产，应当依法给予征收补偿，维护被征收人的合法权益；征收个人住宅的，还应当保障被征收人的居住条件。

任何组织或者个人不得贪污、挪用、私分、截留、拖欠征收补偿费等费用。

《中华人民共和国土地管理法》

第四十八条 征收土地应当给予公平、合理的补偿，保障被征地农民原有生活水平不降低、长远生计有保障。

征收土地应当依法及时足额支付土地补偿费、安置补助费以及农村村民住宅、其他地上附着物和青苗等的补偿费用，并安排被征地农民的社会保障费用。

征收农用地的土地补偿费、安置补助费标准由省、自治区、直辖市通过制定公布区片综合地价确定。制定区片综合地价应当综合考虑土地原用途、土地资源条件、土地产值、土地区位、土地供求关系、人口以及经济社会发展水平等因素，并至少每三年调整或者重新公布一次。

征收农用地以外的其他土地、地上附着物和青苗等的补偿标准，由省、自治区、直辖市制定。对其中的农村村民住宅，应当按照先补偿后搬迁、居住条件有改善的原则，尊重农村村民意愿，采取重新安排宅基地建房、提供安置房或者货币补偿等方式给予公平、合理的补偿，并对因征收造成的搬迁、临时安置等费用予以补偿，保障农村村民居住的权利和合法的住房财产权益。

县级以上地方人民政府应当将被征地农民纳入相应的养老等社会保障体系。被征地农民的社会保障费用主要用于符合条件的被征地农民的养老保险等社会保险缴费补贴。被征地农民社会保障费用的筹集、管理和使用办法，由省、自治区、直辖市制定。

《最高人民法院关于审理涉及农村土地承包纠纷案件适用法律问题的解释》

第二十条　承包地被依法征收，承包方请求发包方给付已经收到的地上附着物和青苗的补偿费的，应予支持。

承包方已将土地经营权以出租、入股或者其他方式流转给第三人的，除当事人另有约定外，青苗补偿费归实际投入人所有，地上附着物补偿费归附着物所有人所有。

举一反三

根据我国法律规定，征收农村集体所有的土地，应当补偿的费用包括土地补偿款（又分土地所有权补偿款和土地使用权补偿款）、安置补助费、地上附着物及青苗补偿费、社会保障费等，以上费用都应当依法予以补偿。

58 承包的农村土地被征收的，能否获得相应补偿款？

遇事

2000年7月25日，王某某与A县B村签订鱼塘承包合同，承包年限为20年。2006年5月9日，王某某与B村签订租赁合同，承包B村的湖田，承包期间从2006年5月9日起至2021年5月9日止。合同约定，如因国家政策变化或者国家统一规划需使用或征用土地的，必须服从国家政策终止合同，B村所得赔偿，王某某不予干涉，土地赔偿归B村所有。2014年1月18日，A县国土资源局与B村村民组负责人签订征收集体所有土地补偿安置方案。双方协商约定，B村村民组应在征地各项费用付清之日起30日内交付被征土地。王某某承包的鱼塘、湖田在以上征收范围内。2018年，A县现代产业园区管理委员会在进行土地平整过程中，王某某的鱼塘被填埋。

王某某认为A县现代产业园区管理委员会未向其支付承包鱼塘、湖田的鱼虾和附属养殖设施损失，且未与其协商补偿事项即强行实施填埋鱼塘、湖田的行为违反了法律规定，遂向人民法院起诉。

说法

农村集体所有的土地，存在土地所有权人、土地使用权人两类主体，一般而言，农村集体所有的土地所有权人是村集体，农村土地发包后，还存在土地承包经营人（土地使用权人）。土地征收行为，既会影响所有权人的权益，也将对土地使用权人的原有权利造成影响。因此，征收农村集体所有土地时，征收人应当分别与土地所有权人、土地使用权人达成补偿协议，并遵循先补偿后迁移的原则。本案中，征收部门A县国土资源局只与土地所有权人B村村民组达成了补偿协议，并未与土地使用权人，即承包人王某某达成补偿协议，自然也做不到先补偿后迁移，所以其征收行为违法，会对王某某合法的承包经营权益产生重大影响，因此，应当依法对王某某的合法权益予以补偿。

找法

《中华人民共和国土地管理法》

第四十七条 国家征收土地的，依照法定程序批准后，由县级以上地方人民政府予以公告并组织实施。

县级以上地方人民政府拟申请征收土地的，应当开展拟征收土地现状调查和社会稳定风险评估，并将征收范围、土地现状、征收目的、补偿标准、安置方式和社会保障等在拟征收土地所在的乡（镇）和村、村民小组范围内公告至少三十日，听取被征地的农村集体经济组织及其成员、村民委员会和其他利害关系人的意见。

多数被征地的农村集体经济组织成员认为征地补偿安置方案不符合法律、法规规定的，县级以上地方人民政府应当组织召开听证会，并根据法律、法规的规定和听证会情况修改方案。

拟征收土地的所有权人、使用权人应当在公告规定期限内，持不动产权属证明材料办理补偿登记。县级以上地方人民政府应当组织有关部门测算并落实有关费用，保证足额到位，与拟征收土地的所有权人、使用权人就补偿、安置等签订协议；个别确实难以达成协议的，应当在申请征收土地时如实说明。

相关前期工作完成后，县级以上地方人民政府方可申请征收土地。

第四十八条 征收土地应当给予公平、合理的补偿，保障被征地农民原有生活水平不降低、长远生计有保障。

征收土地应当依法及时足额支付土地补偿费、安置补助费以及农村村民住宅、其他地上附着物和青苗等的补偿费用，并安排被征地农民的社会保障费用。

征收农用地的土地补偿费、安置补助费标准由省、自治区、直辖市通过制定公布区片综合地价确定。制定区片综合地价应当综合考虑土地原用途、土地资源条件、土地产值、土地区位、土地供求关系、人口以及经济社会发展水平等因素，并至少每三年调整或者重新公布一次。

征收农用地以外的其他土地、地上附着物和青苗等的补偿标准，由省、自治区、直辖市制定。对其中的农村村民住宅，应当按照先补偿后搬迁、居住条件有改善的原则，尊重农村村民意愿，采取重新安排宅基地建房、提供安置房或者货币补偿等方式给予公平、合理的补偿，并对因征收造成的搬迁、临时安置等费用予以补偿，保障农村村民居住的权利和合法的住房财产权益。

县级以上地方人民政府应当将被征地农民纳入相应的养老等社会保障体系。被征地农民的社会保障费用主要用于符合条件的被征地农民的养老保险等社会保险缴费补贴。被征地农民社会保障费用的筹集、管理和使用办法，由省、自治区、直辖市制定。

《中华人民共和国土地管理法实施条例》

第三十二条 省、自治区、直辖市应当制定公布区片综合地价，确定征收农用地的土地补偿费、安置补助费标准，并制定土地补偿费、安置补助费分配办法。

地上附着物和青苗等的补偿费用，归其所有权人所有。

社会保障费用主要用于符合条件的被征地农民的养老保险等社会保险缴费补贴，按照省、自治区、直辖市的规定单独列支。

申请征收土地的县级以上地方人民政府应当及时落实土地补偿费、安置补助费、农村村民住宅以及其他地上附着物和青苗等的补偿费用、社会保障费用等，并保证足额到位，专款专用。有关费用未足额到位的，不得批准征收土地。

举一反三

征收农村集体所有土地遵循先补偿后迁移的原则,不得在未完成补偿的情形下即进行拆除迁移活动。农村集体土地上可能存在其他人的土地承包经营权,该权利也会因土地被征收而随之消失,因此,土地承包经营人的相关权益应当得到补偿,包括未到期的土地承包经营权的损失,承包土地上的种植物或养殖物以及附属设施的损失。这些补偿款应当由征收部门与被征收人在补偿协议中约定,没有约定的,征收部门在征收土地之前必须保证补偿款足额到位,被征收人可以要求在迁移之前拿到补偿款。

二、集体土地征收与补偿

59 外嫁来的农村媳妇可以领取补偿款吗？

遇事

扫一扫，听案情

说法

依据《中华人民共和国土地管理法》第49条的规定，被征地的农村集体经济组织应当将征收土地的补偿费用的收支状况向本集体经济组织的成员公布，接受监督。禁止侵占、挪用被征收土地单位的征地补偿费用和其他有关费用。本案中，郭某某作为嫁过来的媳妇，因嫁入而取得A村集体经济组织成员资格，且已经获得了本村分配的口粮田，全村表决通过的分配方案中也明确了包含对口粮田的补偿，因此，郭某某的1亩口粮田被征收，应当获得补偿，A村以郭某某为媳妇而非本村村民为由将该土地征收补偿款扣下不予支付的做法并不合法。

找法

《中华人民共和国民法典》

第二百四十三条 为了公共利益的需要，依照法律规定的权限和程序可以征收集体所有的土地和组织、个人的房屋以及其他不动产。

征收集体所有的土地，应当依法及时足额支付土地补偿费、安置补助费以及农村村民住宅、其他地上附着物和青苗等的补偿费用，并安排被征地农民的社会保障费用，保障被征地农民的生活，维护被征地农民的合法权益。

征收组织、个人的房屋以及其他不动产，应当依法给予征收补偿，维护被征收人的合法权益；征收个人住宅的，还应当保障被征收人的居住条件。

任何组织或者个人不得贪污、挪用、私分、截留、拖欠征收补偿费等费用。

《中华人民共和国土地管理法》

第四十九条 被征地的农村集体经济组织应当将征收土地的补偿费用的收支状况向本集体经济组织的成员公布，接受监督。

禁止侵占、挪用被征收土地单位的征地补偿费用和其他有关费用。

二、集体土地征收与补偿

举一反三

　　现有立法尚未对农村集体经济组织成员资格作出明确规定，各地实践中对农村集体经济组织成员资格的认定标准存在认识不一，由此征迁安置政策出台也不尽相同。因此，在确定农村集体经济组织成员资格的标准时，应当坚持原则性与灵活性相结合的方法综合认定，综合考虑户籍管理、生产生活、社会保障、收入来源等因素并结合当地具体政策、村民具体情况进行分析判断，遵循合法性原则以及各方容易达成共识的原则，比如，唯一性原则（村民不能享有两个以上村集体经济组织成员资格），又如，不得享受双重待遇原则（同时享受城市房改房、职工退休等待遇和农村宅基地、承包地待遇），并尊重当地不与宪法、法律、法规相抵触的风俗习惯。婚姻虽然是加入取得农村集体经济组织成员资格的主要方式，中国传统习俗也一般支持妇女取得嫁入地农村集体经济组织成员资格，但是仍要综合考虑其是否已在嫁入地形成较为固定的集体生产生活状态以及在户籍地所得的集体经济组织分配的土地等是否被收回等因素。

　　所以，遇到相关问题应及时寻求专业人员的帮助，通过专业法律人员综合以上因素综合判断，根据事实状态帮助维护成员的基本权益。

181

60 外嫁女可以领取补偿款吗？

遇事

陈某乙的父亲陈某甲（已去世）于1985年7月在A市B村的宅基地上建有一套91平方米的房屋。陈某甲与郑某某生育四子及二女陈某乙、陈某丙。因政府于1986年左右征用B村土地，陈某乙、陈某丙先后进入啤酒厂工作、生活，后陈某乙与陈某丁（非农业户口）登记结婚，于2007年参加房改在啤酒厂生活区购买一套123.46平方米的房屋。

2010年上半年，A市人民政府对B村实施改造安置，上述房屋被列入征收范围。2013年3月6日，A市人民政府与郑某某签订《A市B村改造房屋拆迁补偿安置协议》，郑某某享有一套95平方米安置点安置房，且当地政府认为陈某乙已经出嫁，不享受村小组农业人口分配征地款的本村村民待遇。但是，陈某乙认为其系村小组村民，从父母处获赠一间房屋，应当享有安置房，故陈某乙认为A市人民政府拒绝给予其安置房的做法是违法的，向人民法院起诉请求判决A市人民政府给予房屋安置。

说法

现行立法尚未对农村集体经济组织成员资格作出明确规定，各地实践中对农村集体经济组织成员资格的认定标准存在认识不一，由此征收安置政策出台也不尽相同。本案中，虽然陈某乙户口仍未迁出B村，但是其于2007年参加房改在啤酒厂生活区购买一套123.46平方米房屋，嫁入城市，工作、收入来源在城市，生活在城市，享受城镇房改房及医疗、养老保险的社会保障，并于2018年2月办理退休享受养老保险待遇。故不宜认定陈某乙具有B村集体经济组织成员资格，也不能享受安置补偿，但是，如果陈某乙有被拆迁的合法房屋或者其他地上附着物或耕种的青苗等，则可能获得相应补偿。

二、集体土地征收与补偿

🔍 找法

《中华人民共和国民法典》

第二百四十三条　为了公共利益的需要，依照法律规定的权限和程序可以征收集体所有的土地和组织、个人的房屋以及其他不动产。

征收集体所有的土地，应当依法及时足额支付土地补偿费、安置补助费以及农村村民住宅、其他地上附着物和青苗等的补偿费用，并安排被征地农民的社会保障费用，保障被征地农民的生活，维护被征地农民的合法权益。

征收组织、个人的房屋以及其他不动产，应当依法给予征收补偿，维护被征收人的合法权益；征收个人住宅的，还应当保障被征收人的居住条件。

任何组织或者个人不得贪污、挪用、私分、截留、拖欠征收补偿费等费用。

举一反三

当今社会，我们不能直接认为外嫁女不是农村集体经济组织的成员，而是要综合考虑各方面因素才能得出结论。虽然立法没有对农村集体经济组织成员资格作出明确规定，但是在农村集体土地征收过程中，外嫁女仍然可以因房屋权属等事由获得安置补偿等利益。

遇事找法 房屋拆迁、补偿、安置纠纷一站式法律指引

61 征收农村土地为林地的，如何补偿？

遇事

B村小组于2004年11月27日领取了A县人民政府颁发的《林权证》，证上记载林地面积105亩，林木的所有权、使用权权利人是B村小组。

2015年4月3日，A县人民政府作出《A县人民政府关于石头塘地块的征地预公告》，拟征收农村集体所有土地239693.28平方米（约359.54亩），B村小组的105亩林地在征收范围内。公告中规定补偿安置标准为耕地68000元/亩、林地22000元/亩（只包含土地补偿费和安置补助费两项费用，青苗补偿费和土地附着物补偿费等费用另行计算）。2015年5月19日，A县人民政府作出下拨经费计划表，下拨6267600元给B村小组。当日，B村小组签名领取6267600元补偿款，后B村小组对补偿款按照总人口772人（175户），每人分红8000元，合计人民币617600元的方案予以分配。2015年5月22日，A县人民政府与B村小组签订了《征地协议书》。后B村小组以征收补偿标准不合法为由，向人民法院提起诉讼。

说法

林地是集体土地中重要的组成部分，为了生态保护、基础设施建设等公共利益的需要，国家可以对林地、林木予以征收。但在征收过程中，林地该如何得到补偿，许多被征收人可能会存在各种疑问。根据《中华人民共和国土地管理法》的规定，国家按照土地用途将土地分为农用地、建设用地和未利用地。其中，农用地是指直接用于农业生产的土地，包括耕地、林地、草地、农田水利用地、养殖水面等。征收农用地的土地补偿费、安置补助费标准由省、自治区、直辖市通过制定公布区片综合地价确定。可见，我国法律将林地划分为农用地，因此，对于林地的征收和补偿都要按照对农用地

的法定程序和政策规定来实施。一般而言，林地征用补偿主要有以下几项：（1）土地补偿费；（2）安置补助费；（3）林木青苗和地上附着物补偿费。上述三项都是直接补贴给该林地所有权人或者使用权人。此外，征收部门还应缴纳森林植被恢复费，专门用来恢复因征地而减少的林地植被面积。此项费用要交给当地人民政府林业主管部门。森林植被恢复费征收标准应按照恢复不少于被占用征收林地面积的森林植被所需调查规划设计、造林培育、保护管理等费用进行核定。本案中，B村小组已经签订了协议，但是如果补偿数额确实不符合法律规定，即便已经签订补偿协议并领取了补偿款，受到损失的被征收人仍然可以提起行政诉讼维护自身的合法权益。

找法

《中华人民共和国土地管理法》

第四十八条 征收土地应当给予公平、合理的补偿，保障被征地农民原有生活水平不降低、长远生计有保障。

征收土地应当依法及时足额支付土地补偿费、安置补助费以及农村村民住宅、其他地上附着物和青苗等的补偿费用，并安排被征地农民的社会保障费用。

征收农用地的土地补偿费、安置补助费标准由省、自治区、直辖市通过制定公布区片综合地价确定。制定区片综合地价应当综合考虑土地原用途、土地资源条件、土地产值、土地区位、土地供求关系、人口以及经济社会发展水平等因素，并至少每三年调整或者重新公布一次。

征收农用地以外的其他土地、地上附着物和青苗等的补偿标准，由省、自治区、直辖市制定。对其中的农村村民住宅，应当按照先补偿后搬迁、居住条件有改善的原则，尊重农村村民意愿，采取重新安排宅基地建房、提供安置房或者货币补偿等方式给予公平、合理的补偿，并对因征收造成的搬迁、临时安置等费用予以补偿，保障农村村民居住的权利和合法的住房财产权益。

县级以上地方人民政府应当将被征地农民纳入相应的养老等社会保障体系。被征地农民的社会保障费用主要用于符合条件的被征地农民的养老保险等社会保险缴费补贴。被征地农民社会保障费用的筹集、管理和使用办法，由省、自治区、直辖市制定

举一反三

虽然林地属于农用地，但并不属于耕地，在具体的补偿过程中需要区分。在土地征收过程中，林地权属是确定被征收人是否具备补偿资格的重要审查条件之一。处理林权争议时，林木、林地权属凭证记载的四至清楚的，应当以四至为准；四至不清楚的，应当协商解决；经协商不能解决的，由当事人共同的人民政府确定其权属。因此，林地权属的确定主要是以有权机关颁发的林权证为准，同时还要遵循尊重历史和现实情况，遵循有利于安定团结，有利于保护、培育和合理利用森林资源，有利于群众的生产生活的原则进行具体的审查。《中华人民共和国森林法》第21条明确规定，为了生态保护、基础设施建设等公共利益的需要，确需征收、征用林地、林木的，应当依照《中华人民共和国土地管理法》等法律、行政法规的规定办理审批手续，并给予公平、合理的补偿。可见，对集体土地上林地的征收同样需要公平合理的补偿，虽然我国对于其补偿没有相关的法律规定，但是具体的补偿方式及标准可以参照《中华人民共和国土地管理法》及实施条例来实施，其中，被征收人需要明确林地的性质及权属情况，以便及时审查是否有得到合理的补偿。必要时，可以委托专业的征地拆迁律师为您解决。

二、集体土地征收与补偿

62 被征收的农村土地是草地的，如何补偿？

遇事

林某某系A市B村的村民，承包有B村的草地若干，承包期至2027年8月26日。2014年11月19日，省人民政府作出《关于A市2014年度第十二批次农用地转用和土地征收的批复》，同意A市人民政府征收A市B村集体所有土地18.6414公顷，其中包含水田、旱地、园地、其他农用地、城镇村及工矿用地、水利设施用地、其他草地等。2014年11月28日，A市人民政府作出《A市人民政府征收土地方案公告》，确定征收A市B村土地18.6414公顷，并对土地补偿费标准、安置补助费标准、青苗补偿标准等予以确定。林某某承包的草地在征收范围内，因对征地补偿金额不满，林某某向人民法院提起了行政诉讼。

说法

本案中，实际涉及土地中的耕地、草地、林地、建设用地等多种类型土地，补偿标准各不相同，根据《中华人民共和国土地管理法》规定，征收农用地的土地补偿费、安置补助费标准由省、自治区、直辖市通过制定公布区片综合地价确定。制定区片综合地价应当综合考虑土地原用途、土地资源条件、土地产值、土地区位、土地供求关系、人口以及经济社会发展水平等因素，并至少每3年调整或者重新公布一次。各地标准可能并不一致。如果被征收人对征收部门确定的补偿金额不满，可以依法向人民法院起诉。

找法

《中华人民共和国土地管理法》

第四十八条 征收土地应当给予公平、合理的补偿，保障被征地农民原有生活水平不降低、长远生计有保障。

征收土地应当依法及时足额支付土地补偿费、安置补助费以及农村村民住宅、其他地上附着物和青苗等的补偿费用，并安排被征地农民的社会保障费用。

征收农用地的土地补偿费、安置补助费标准由省、自治区、直辖市通过制定公布区片综合地价确定。制定区片综合地价应当综合考虑土地原用途、土地资源条件、土地产值、土地区位、土地供求关系、人口以及经济社会发展水平等因素，并至少每三年调整或者重新公布一次。

征收农用地以外的其他土地、地上附着物和青苗等的补偿标准，由省、自治区、直辖市制定。对其中的农村村民住宅，应当按照先补偿后搬迁、居住条件有改善的原则，尊重农村村民意愿，采取重新安排宅基地建房、提供安置房或者货币补偿等方式给予公平、合理的补偿，并对因征收造成的搬迁、临时安置等费用予以补偿，保障农村村民居住的权利和合法的住房财产权益。

县级以上地方人民政府应当将被征地农民纳入相应的养老等社会保障体系。被征地农民的社会保障费用主要用于符合条件的被征地农民的养老保险等社会保险缴费补贴。被征地农民社会保障费用的筹集、管理和使用办法，由省、自治区、直辖市制定。

举一反三

目前，相关法律法规对于征收林地、草地、水面、滩涂、沙化土地的土地补偿费的规定并不明确。实践中，征收这几种特殊类型的土地有可能涉及国有农场，其补偿可能更为复杂一些。如果是收回国有划拨农用地使用权的，其补偿应当参照征收农村集体农用地的补偿标准执行；如果收回国有农场建设用地的，参照征收农民集体建设用地的补偿标准进行补偿，保障农场职工的长远生计。目前，已有部分省

二、集体土地征收与补偿

份制定了具体的分配标准。比如,《杭州市人民政府关于重新公布杭州市征地区片综合地价标准的通知》中规定了适用于杭州市范围内的集体土地征收补偿标准。征地区片综合地价包含土地补偿费和安置补助费,其中土地补偿费占比不得超过40%、安置补助费不高于6万元/人。土地补偿费和安置补助费主要用于被征地人员参保或重新安置生产生活的补助。除林地和未利用地外,对相同区片内被征土地按征地区片综合地价标准执行。对林地和未利用地按照不低于所在征地区片综合地价标准的60%计算。全市征地区片分为一级至九级。其中,一级至四级征地区片的安置方式分为开发性安置和货币安置两种。上城区、拱墅区、西湖区、滨江区行政范围内非撤村建居村(经市政府批准实行开发性安置的建设项目除外)以及申请采取货币安置的撤村建居村,执行货币安置的补偿标准;其他情形执行开发性安置的补偿标准。

63 农民土地被征收后，失地农民如何安置？

遇事

2012年12月29日，A省人民政府批准B市人民政府在C区D村等用地范围内，将集体农用地5.4114公顷转为建设用地并办理征收手续。陆某某在D村享有集体土地使用权。2013年1月12日，B市国土资源局及B市人力资源和社会保障局作出了《征地补偿安置方案公告》，被征收土地的村民小组和农户可以自公告之日起15日内到当地的农村集体经济组织（或社居委）办理被征地土地补偿和农民养老保障登记。陆某某没有关注公告内容，所以未在15日内办理农民养老保障登记，未能享受农民养老保障。陆某某向人民法院提起诉讼。

说法

征收农村集体所有的土地，遵循先补偿先安置、后征收的原则，对被征收人进行补偿、对失地农民进行安置是征收农村集体所有土地必经的前置程序，也是征收部门的义务。本案中，B市国土资源局及B市人力资源和社会保障局设置了不合理期限，对超出此期限未进行登记的被征收人不享受农民养老保障的做法是将被征收人的权利与义务倒置，是不符合法律规定的。

找法

《中华人民共和国土地管理法》

第四十八条　征收土地应当给予公平、合理的补偿，保障被征地农民原有生活水平不降低、长远生计有保障。

二、集体土地征收与补偿

征收土地应当依法及时足额支付土地补偿费、安置补助费以及农村村民住宅、其他地上附着物和青苗等的补偿费用,并安排被征地农民的社会保障费用。

征收农用地的土地补偿费、安置补助费标准由省、自治区、直辖市通过制定公布区片综合地价确定。制定区片综合地价应当综合考虑土地原用途、土地资源条件、土地产值、土地区位、土地供求关系、人口以及经济社会发展水平等因素,并至少每三年调整或者重新公布一次。

征收农用地以外的其他土地、地上附着物和青苗等的补偿标准,由省、自治区、直辖市制定。对其中的农村村民住宅,应当按照先补偿后搬迁、居住条件有改善的原则,尊重农村村民意愿,采取重新安排宅基地建房、提供安置房或者货币补偿等方式给予公平、合理的补偿,并对因征收造成的搬迁、临时安置等费用予以补偿,保障农村村民居住的权利和合法的住房财产权益。

县级以上地方人民政府应当将被征地农民纳入相应的养老等社会保障体系。被征地农民的社会保障费用主要用于符合条件的被征地农民的养老保险等社会保险缴费补贴。被征地农民社会保障费用的筹集、管理和使用办法,由省、自治区、直辖市制定。

举一反三

失地农民安置的方式多种多样。对农民住宅应当按照先补偿后搬迁、居住条件有改善的原则,尊重农民意愿,采取重新安排宅基地建房、提供安置房或者货币补偿等方式给予公平、合理的补偿,并对因征收造成的搬迁、临时安置等费用予以补偿,保障农村村民居住的权利和合法的住房财产权益。对失地农民生计的安置,征收部门可以因地制宜,提供土地、安排工作、建立养老保障基金均可,但是应当保证失地农民的选择权,始终提供货币补偿的选项,货币补偿的标准由省、自治区、直辖市制定。

64 存在继承争议的房屋，户主是否有权代表家庭成员签订安置补偿协议？

遇事

胡某与吴某系夫妻，先后育有胡A、胡B、胡C、胡D四名子女。1990年，胡某与吴某建造楼房两间、辅房一间，合计用地100平方米。后吴某、胡某先后去世，四位子女未在两位老人去世后对上述案涉房屋进行分割。1995年7月24日，胡D与王某办理结婚登记手续，二人居住在案涉房屋中，王某户口也迁入其中。1998年8月，胡D去世。此后，王某将上述房屋一直出租给他人并收取租金。现王某为案涉房屋户主及唯一成员。

2021年8月8日，因高速路建设需要，徐村镇政府（甲方）与王某（乙方）就上述房屋签订案涉协议书，明确了补偿方案及签约奖励。目前王某领取了部分补偿款，安置的房屋尚未取得，也未进行结算。

胡C认为胡某与吴某出资建造的农村宅基地房屋系胡某夫妻共同财产，属于胡C依法可继承的财产，其与胡A、胡B系案涉房屋第一顺位继承人，徐村镇政府擅自与王某签订了拆迁补偿安置协议书，损害了胡C的权益，拆迁协议应为无效协议。

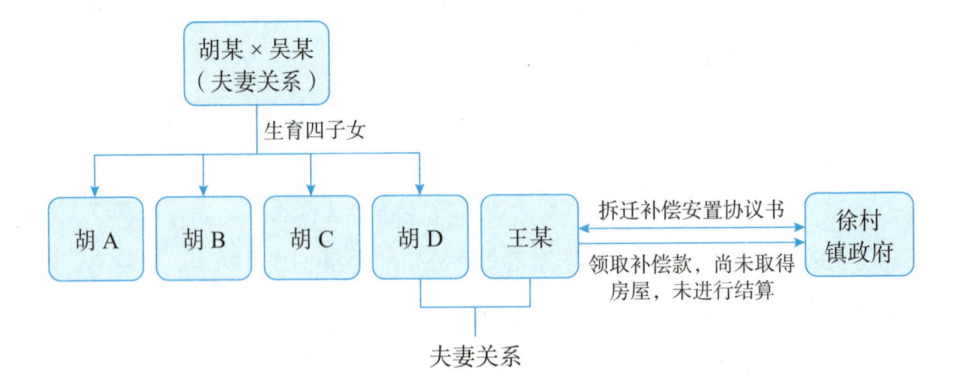

二、集体土地征收与补偿

说法

《中华人民共和国土地管理法》第62条第1款规定:"农村村民一户只能拥有一处宅基地,其宅基地的面积不得超过省、自治区、直辖市规定的标准。"该规定明确了农村家庭户"一户一宅"原则。因此,当农村出现土地征收时,对集体土地上房屋的征收安置补偿是以户为单位进行的,户主有权代表家庭对宅基地及地上的房屋进行处分,也应当认可户主具有代表其家庭接受行政机关履行保障义务的权利。本案中,王某因与胡D的婚姻关系而成为家庭成员,且在胡D去世后成为案涉房屋家庭户户主及唯一成员,多年来对案涉房屋实际占有使用,是该户的当然代表,有权对外代表该户从事相应的民事行为。因此,王某签订的拆迁协议是有效的。

找法

《中华人民共和国土地管理法》

第六十二条 农村村民一户只能拥有一处宅基地,其宅基地的面积不得超过省、自治区、直辖市规定的标准。

人均土地少、不能保障一户拥有一处宅基地的地区,县级人民政府在充分尊重农村村民意愿的基础上,可以采取措施,按照省、自治区、直辖市规定的标准保障农村村民实现户有所居。

农村村民建住宅,应当符合乡(镇)土地利用总体规划、村庄规划,不得占用永久基本农田,并尽量使用原有的宅基地和村内空闲地。编制乡(镇)土地利用总体规划、村庄规划应当统筹并合理安排宅基地用地,改善农村村民居住环境和条件。

农村村民住宅用地,由乡(镇)人民政府审核批准;其中,涉及占用农用地的,依照本法第四十四条的规定办理审批手续。

农村村民出卖、出租、赠与住宅后,再申请宅基地的,不予批准。

国家允许进城落户的农村村民依法自愿有偿退出宅基地，鼓励农村集体经济组织及其成员盘活利用闲置宅基地和闲置住宅。

国务院农业农村主管部门负责全国农村宅基地改革和管理有关工作。

举一反三

确定被拆房屋产权是开展拆迁工作的首要环节，也是难点所在。实践中，因房屋产权纠纷而引发的确认拆迁协议无效的行政诉讼案件频发。在房屋有多个共有人且己方并未对房屋实际占有使用时，要定期查看房屋状态，关注房屋所在地是否发布征收公告等，如发现房屋存在被拆情况，要及时向相关部门提出异议。如发现另一方共有人已与相关部门签订征收补偿协议，根据土地性质及签订协议等实际情况，如案涉房屋是否进行产权登记、签约人员有无权利代表该户、一方共有人是否实际占有使用房屋、征收部门对涉案房屋是否做好尽职调查等，选取合适的维权方式，以降低维权成本。征收部门在房屋确权阶段要注重对房屋产权的调查，明确该房屋的建设者及去世后的继承情况，同时做好对拆迁协议签约主体的审查工作，从源头减少此类案件的发生。如果被征收房屋的原有继承人想要主张合法权利，可以通过分家析产确定其权益部分，并通过相应程序主张相应权利。

二、集体土地征收与补偿

65 共有的房屋，如何签订征收补偿协议？

遇事

2017年7月19日，阎某某与武某办理离婚登记，在离婚协议中约定位于A市B区C村三组的房屋一幢归女方武某、双方儿子阎某、男方母亲彭某某所有。同日，武某作为户主在A市公安局B区分局申领了户口簿，原告彭某某登记于该户内，同时，阎某（儿子）、阎某菲（阎某的女儿）亦登记于该户内。2019年1月8日，A市土地房屋征收办公室与武某签订《房屋拆迁补偿安置协议》，该协议约定对武某位于C村三组集体土地上的房屋（案涉房屋）及附属设施、地上附着物等实施拆迁。2019年11月4日，村民委员会出具证明：武某于2004年取得宅基地107平方米，现有人口4人，长期居住于C村三组。

2020年5月13日，A市土地房屋征收办公室与武某、阎某、阎某菲分别签订《A市农房拆迁货币化安置协议书》，该三份协议主要约定分别给予三个人每人16万元的货币安置补偿款，但未对彭某某进行安置。彭某某不服，向人民法院提起了行政诉讼。

说法

房屋征收补偿是基于征收了被征收人的财产而给予的补偿，所以获得补偿的前提必须是财产权利人。案涉房屋法律权属明确，是武某、阎某、彭某某共有的，征收方没有任何理由在签订征收补偿协议时将彭某某排除在外，更没有理由将彭某某排除在安置范围之外。作为房屋的共有人之一，彭某某有权向人民法院提起诉讼，维护自己的合法权益。案例中，阎某菲仅是生活于此，并非房屋的权利人，所以阎某菲并不是征收补偿的对象，不应与其签订协议并给予补偿。

找法

《国有土地上房屋征收与补偿条例》

第二条　为了公共利益的需要，征收国有土地上单位、个人的房屋，应当对被征收房屋所有权人（以下称被征收人）给予公平补偿。

第二十五条　房屋征收部门与被征收人依照本条例的规定，就补偿方式、补偿金额和支付期限、用于产权调换房屋的地点和面积、搬迁费、临时安置费或者周转用房、停产停业损失、搬迁期限、过渡方式和过渡期限等事项，订立补偿协议。

补偿协议订立后，一方当事人不履行补偿协议约定的义务的，另一方当事人可以依法提起诉讼。

举一反三

房屋征收补偿是基于征收了被征收人的财产而给予的补偿，所以获得补偿的前提必须是财产权利人。如果是征收按份共有房屋，应当和占份额2/3以上的按份共有人签订征收补偿协议，并按照协议对所有按份共有人进行补偿安置；如果是征收共同共有房屋，应该和全体共同共有人签订征收补偿协议，并按照协议对所有共同共有人进行补偿安置。

二、集体土地征收与补偿

66 政府补偿决定中限定搬迁时间太短怎么办？

遇事

A市B区a金属制品厂（以下简称a制品厂）是1992年4月7日成立的集体所有制企业，法定代表人为刘某某，其租赁的b联社集体土地作为经营场地，并在该土地上建有无照房屋用于经营"天枫木门"。2018年9月16日，B区人民政府下发《征收决定公告》，对B区部分区域内国有、集体土地的地上附着物开展征收补偿及搬迁工作，a制品厂的经营场地在征收范围之内。B区人民政府与a制品厂未就搬迁事宜达成协议。

2019年4月15日，B区人民政府向a制品厂下发补偿决定书，限a制品厂"于2019年4月16日24：00前将区域内所有地上物及堆放物自行清理和搬离，逾期不搬离，责任自负"。2019年4月17日，B区人民政府强制拆除了a制品厂的无照房屋。a制品厂因此向人民法院提起行政诉讼，要求确认B区人民政府拆除其房屋的行为违法并赔偿损失。

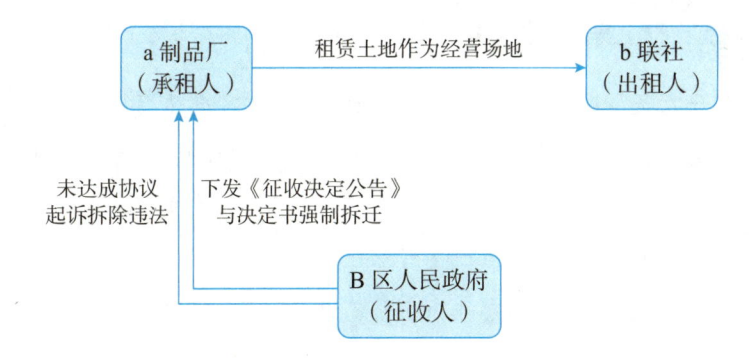

```
  a制品厂  ——租赁土地作为经营场地——→  b联社
 （承租人）                              （出租人）
     ↑
     │ 未达成协议      下发《征收决定公告》
     │ 起诉拆除违法    与决定书强制拆迁
     │
   B区人民政府
   （征收人）
```

说法

根据法律规定，在征收中，征收人须申请人民法院强制执行。如果征收人未按照法律规定给予合理搬迁时间就直接强拆，被征收人只能通过事后救济维

197

护自己的合法权益。所谓事后救济，就是通过行政复议、行政诉讼及国家赔偿的方式向行政机关主张合法权益。如果征收人依法申请人民法院强制执行，则程序上需要给被征收人送达催告书，催告书送达10日后当事人仍未履行义务的，行政机关才可以向有管辖权的人民法院申请强制执行。因此，本案中，征收人给的搬迁时间太短，客观上无法完成搬迁，被征收人可以通过行政诉讼或者行政复议及时主张权利。但本案中征收人也没有给被征收人维权的时间，已经实施了强制拆迁，被征收人可以通过国家赔偿的方式请求赔偿损失。

找法

《中华人民共和国行政强制法》

第五十四条 行政机关申请人民法院强制执行前，应当催告当事人履行义务。催告书送达十日后当事人仍未履行义务的，行政机关可以向所在地有管辖权的人民法院申请强制执行；执行对象是不动产的，向不动产所在地有管辖权的人民法院申请强制执行。

《国有土地上房屋征收与补偿条例》

第二十六条 房屋征收部门与被征收人在征收补偿方案确定的签约期限内达不成补偿协议，或者被征收房屋所有权人不明确的，由房屋征收部门报请作出房屋征收决定的市、县级人民政府依照本条例的规定，按照征收补偿方案作出补偿决定，并在房屋征收范围内予以公告。

补偿决定应当公平，包括本条例第二十五条第一款规定的有关补偿协议的事项。

被征收人对补偿决定不服的，可以依法申请行政复议，也可以依法提起行政诉讼。

第二十八条 被征收人在法定期限内不申请行政复议或者不提起行政诉讼，在补偿决定规定的期限内又不搬迁的，由作出房屋征收决定的市、县级人民政府依法申请人民法院强制执行。

强制执行申请书应当附具补偿金额和专户存储账号、产权调换房屋和周转用房的地点和面积等材料。

举一反三

> 征收补偿中应当给予被征收人充足的搬迁时间，但是也存在案例中搬迁时间太短的情况。如遇到案例中给的搬迁时间太短的情况，征收单位一般都存在程序违法的情形，被征收人可以根据现行法律主张权利，要求纠正征收人的违法情形。但现实中也存在拆迁中签约期限已过，征收人可能为了赶进度而采取暴力强拆的违法手段，这时被征收人主张合理的搬迁时间并没有实际意义，只能通过前述的事后救济方式维护自己的合法权益。

67 部分集体土地被征收用作垃圾填埋场，对环境污染严重，有额外补偿吗？

遇事

2016年12月22日，A市B区人民政府为建设"×垃圾填埋场"项目，拟征收B区C村集体土地20亩，并于2017年1月4日发布了征收公告，公告中载明了补偿方案。C村村民认为垃圾填埋场污染严重、臭气熏天，还影响水质、土壤，会严重影响他们正常的生产生活，故而应该有额外的征地补偿，对政府公告中的补偿方案不满，并拒绝签订征收补偿协议。

说法

本案中，村民主张的垃圾填埋场可能造成的环境污染与集体土地征收是两个不同的法律关系。在集体土地征收这一法律关系中，征收人按照法律规定的补偿范围进行补偿，包括土地补偿、地上建筑物补偿、青苗补偿等。本案中，村民认为因垃圾填埋场可能对周边环境造成污染而想要的额外补偿不在征收补偿的范围之内，无法在征收补偿中体现。当然，村民在受到垃圾填埋场的污染侵害时，可以向环保部门投诉，以行政权力阻止侵权行为；也可以依据《民法典》中侵权责任的规定提起诉讼，主张停止侵害、赔偿损失等。

找法

《中华人民共和国民法典》

第二百四十三条 为了公共利益的需要，依照法律规定的权限和程序可

二、集体土地征收与补偿

以征收集体所有的土地和组织、个人的房屋以及其他不动产。

征收集体所有的土地,应当依法及时足额支付土地补偿费、安置补助费以及农村村民住宅、其他地上附着物和青苗等的补偿费用,并安排被征地农民的社会保障费用,保障被征地农民的生活,维护被征地农民的合法权益。

征收组织、个人的房屋以及其他不动产,应当依法给予征收补偿,维护被征收人的合法权益;征收个人住宅的,还应当保障被征收人的居住条件。

任何组织或者个人不得贪污、挪用、私分、截留、拖欠征收补偿费等费用。

第一千二百二十九条 因污染环境、破坏生态造成他人损害的,侵权人应当承担侵权责任。

第一千二百三十二条 侵权人违反法律规定故意污染环境、破坏生态造成严重后果的,被侵权人有权请求相应的惩罚性赔偿。

举一反三

根据法律规定,不针对特定人的规划行为属于抽象行政行为,是不可诉的,但是可以通过行政复议等方式主张权利。政府作出的规划行为有可能造成相对人或第三人损害的,利害关系人可以通过行政复议方式寻求救济。当该规划已经落地实际产生了对特定主体的权利侵害时,受害人可以根据具体的损害选择侵权人提起诉讼。如果这种侵害是诸如环境污染等涉及公共利益的损害,还可以由有权环保组织或者人民检察院提起公益诉讼。

68 签订征收补偿协议之后，实际征收之前，还可以继续经营承包的土地吗？

遇事

唐某一、张某、唐某二系A市B区C村1018号宅基地房屋的权利人。2012年6月8日，唐某一、张某、唐某二（乙方）与B区土地储备中心（甲方）签订《征收补偿协议》，约定乙方应在协议签订后7日内，即2012年6月15日前搬离原址，该户补偿总额为2401232元。

协议签订后唐某一、张某、唐某二一直未搬迁。2016年7月15日，B区土地储备中心组织人员强拆了涉案房屋。2018年7月4日，A市B区人民法院确认B区土地储备中心于2016年7月15日拆除涉案房屋的行为违法。此后，唐某一、张某某、唐某二向B区土地储备中心申请赔偿，B区土地储备中心作出不予赔偿决定。唐某一、张某某、唐某二不服，继续诉讼。

说法

本案中，《征收补偿协议》生效之后，对双方均有约束力，被征收人有义务在协议确定的日期之前搬离，否则房屋征收部门可以按照协议约定减少搬迁奖励金、追究被征收人的违约责任、申请人民法院强制执行等。《征收补偿协议》签订后且被征收人领取补偿款后，被征收人即丧失了使用土地和占有房屋的权利，即使征收部门基于自身原因没能及时拆迁，被征收人也不能再使用被征收的土地和房屋。但值得注意的是，如果被征收人未在协议确定的日期之前搬离，未经人民法院擅自强拆仍然是违法的，因此人民法院确认强拆行为违法。但这仅仅是确认了强拆本身违法，是对征收单位没有申请人民法院执行而擅自强拆所作的否定性评价，并不意味着被征收人可以主张协议外约定的继续经营损失。

二、集体土地征收与补偿

找法

《中华人民共和国行政强制法》

第十三条 行政强制执行由法律设定。

法律没有规定行政机关强制执行的，作出行政决定的行政机关应当申请人民法院强制执行。

《国有土地上房屋征收与补偿条例》

第二十八条 被征收人在法定期限内不申请行政复议或者不提起行政诉讼，在补偿决定规定的期限内又不搬迁的，由作出房屋征收决定的市、县级人民政府依法申请人民法院强制执行。

强制执行申请书应当附具补偿金额和专户存储账号、产权调换房屋和周转用房的地点和面积等材料。

举一反三

征收补偿协议生效之后，被征收人在法定期限内不申请行政复议或者不提起行政诉讼，又在约定的期限内不搬迁的，作出房屋征收决定的市、县级人民政府可以依法申请人民法院强制执行。虽然一般情况下应当在约定的期限内搬离，但是实践中因为各种因素的影响，实际征收时间可能会距约定的搬离期限很远，如果和征收人沟通后达成新的协议，还是可以在不影响征收进行的前提下继续经营的。如果没有达成新的一致意见，即使被征收房屋和土地依旧闲置，被征收人依旧不能再占有、使用被征收房屋和土地。

遇事找**法** 房屋拆迁、补偿、安置纠纷一站式法律指引

69 购买的宅基地上的房屋被征收了，如何维权？

遇事

何某甲、肖某系夫妻关系。何某甲是A市B区C街道第七管理小组村民。何某乙原来系第七管理小组村民，1982年2月，因被招工至A市酒精厂工作，其户口从第七管理小组迁出，至今未迁回。

1994年，何某甲、肖某在何某甲所属集体土地上建造了案涉二层房屋，建筑面积116.25平方米。1999年年底，何某甲、肖某将其中第二层租给了何某乙。2001年2月20日，何某甲、肖某因做生意需要资金周转，由何某甲向何某乙出具一份《房产转让协议》，将其所有的二层房屋整栋以30000元的价格卖给何某乙，约定暂付23000元，余款7000元年底付清。同日，肖某向何某乙出具了收到购房款23000元的字据。何某乙购买案涉房后一直居住至今，且至今只有这一套房。

2007年，何某乙对案涉房屋进行了改造。经a工程造价咨询有限公司鉴定，合计造价为135890.71元。

2013年，因A市新城项目开发，第七管理小组土地被纳入国家征收范围内，案涉房屋也在该项目征收范围内，至2014年年底，该村土地已被政府全部征收，第七管理小组已收到土地补偿款。何某甲作为集体经济组织成员已按规定分得土地补偿款25725.86元，用于其养老保险费的交纳。何某甲、肖某就案涉房屋征收安置问题与何某乙协商，要求何某乙就案涉房屋征收后所获补偿的房屋分一套给何某甲、肖某，未得到何某乙认同，何某甲遂向人民法院提起诉讼。

说法

本案中，城镇居民购买农村房屋的买卖合同因违反了法律、行政法规的强制性规定而无效。根据"房地一体"原则，农村宅基地及依附其的农村

二、集体土地征收与补偿

房屋是一个整体，城镇居民购买农村房屋势必会涉及农村宅基地使用权的流转，但是农村宅基地使用权与集体经济组织成员资格密切相关，农民取得宅基地使用权必须遵照"一户一宅"制度，即一户只能申请一处宅基地，出卖农村房屋后不得再次申请宅基地。农村宅基地使用权具有福利和保障功能，农民无偿获得，但是向城镇居民流转是有严格限制的。城镇居民购买农村房屋的合同无效，买受人应该返还房屋，出卖人应该返还购房款及利息，对于因为合同无效所造成的损失，应该按照双方各自的过错大小分别承担。本案中，房屋买卖合同签订之时，买受人是基于善意，缓解出卖人的资金周转困难。出卖人后来之所以主张合同无效、要求返还房屋，根本原因在于追求征地拆迁带来的经济利益，显然出卖人违反了诚实信用原则，应当对买受人的损失，如对房屋进行修缮、改造投入的成本进行赔偿。由于何某乙属于城镇人口购买农村宅基地上房屋，该合同依法应被认定为无效合同，何某乙无法获得征收补偿。但是，何某甲宅基地上的地上建筑获得的征收补偿包含了何某乙做出的水泥硬化、装修、加层改造等，且何某乙签订买卖合同时并没有太多的过错，何某甲应当对何某乙这一部分损失予以补偿。

找法

《中华人民共和国民法典》

第七条 民事主体从事民事活动，应当遵循诚信原则，秉持诚实，恪守承诺。

第一百五十三条 违反法律、行政法规的强制性规定的民事法律行为无效。但是，该强制性规定不导致该民事法律行为无效的除外。

违背公序良俗的民事法律行为无效。

第一百五十七条 民事法律行为无效、被撤销或者确定不发生效力后，行为人因该行为取得的财产，应当予以返还；不能返还或者没有必要返还的，应当折价补偿。有过错的一方应当赔偿对方由此所受到的损失；各方都有过错的,应当各自承担相应的责任。法律另有规定的,依照其规定。

《中华人民共和国土地管理法》

第六十二条第一款、第五款 农村村民一户只能拥有一处宅基地,其宅基地的面积不得超过省、自治区、直辖市规定的标准。

农村村民出卖、出租、赠与住宅后,再申请宅基地的,不予批准。

《国务院办公厅关于加强土地转让管理严禁炒卖土地的通知》

二、加强对农民集体土地的转让管理,严禁非法占用农民集体土地进行房地产开发

农民集体土地使用权不得出让、转让或出租用于非农业建设;对符合规划并依法取得建设用地使用权的乡镇企业,因发生破产、兼并等致使土地使用权必须转移的,应当严格依法办理审批手续。

农民的住宅不得向城市居民出售,也不得批准城市居民占用农民集体土地建住宅,有关部门不得为违法建造和购买的住宅发放土地使用证和房产证。

要对未经审批擅自将农民集体土地变为建设用地的情况进行认真清理。凡不符合土地利用总体规划的,要限期恢复农业用途,退还原农民集体土地承包者;符合土地利用总体规划的,必须依法重新办理用地手续。

举一反三

宅基地上的自建房只能向本集体组织成员出售,且一户只能拥有一处宅基地,已有宅基地的不能再购买宅基地。不符合法律规定的农村自建房交易是无效的,房屋权属不发生变化。这是国家为了保障农民权益而作出的强制性规定,因此,为了保障购买者的合法权益,有意向到农村买房或者买地建房的人一定要慎重。

70 宅基地上的房屋已售出，由谁签补偿协议？

遇事

位于A市B区C村的559号房屋使用权人为汪某某。2002年3月30日，汪某某与同村集体成员的张某就559号房屋买卖事宜签订《卖房契约》，约定："此房所有权永远属于张某，自此房屋转让之日起，宅内及房屋所发生及出现的任何事由张某负责，购房价款共折合人民币17万元整。一旦城镇规划房屋变迁，由汪某某及其子女负责出头办理任何手续，不管变迁后，分楼房及赔付多少现金全部归张某所有。"协议签订当日，张某通过银行转账方式将17万元购房款支付给汪某某。汪某某于同年4月13日将559号院落及房屋交付张某。张某的户籍于2003年3月8日迁入559号。使用期间，张某对所购房屋进行了部分改造及装修。

2012年，559号房屋被列入征收范围，汪某某起诉到人民法院，要求确认上述《卖房契约》无效，并要求张某腾退房屋。

说法

宅基地使用权是集体经济组织成员享有的权利，与特定的身份关系相联系，法律禁止宅基地转让。但根据《中华人民共和国土地管理法》第62条第5款"农村村民出卖、出租、赠与住宅后，再申请宅基地的，不予批准"的规定可知，农村集体经济组织成员之间的住宅买卖并没有被禁止，而是一旦将住宅出售后，出售人不能再申请宅基地。可见，我国现行法律、法规并不禁止住宅在集体组织内的流转。本案属于农村集体经济组织内部的住宅转让，应当认定有效，张某可以据此获得该房屋征收补偿，故应由张某签订补偿协议。

找法

《中华人民共和国土地管理法》

第四十七条 国家征收土地的,依照法定程序批准后,由县级以上地方人民政府予以公告并组织实施。

县级以上地方人民政府拟申请征收土地的,应当开展拟征收土地现状调查和社会稳定风险评估,并将征收范围、土地现状、征收目的、补偿标准、安置方式和社会保障等在拟征收土地所在的乡(镇)和村、村民小组范围内公告至少三十日,听取被征地的农村集体经济组织及其成员、村民委员会和其他利害关系人的意见。

多数被征地的农村集体经济组织成员认为征地补偿安置方案不符合法律、法规规定的,县级以上地方人民政府应当组织召开听证会,并根据法律、法规的规定和听证会情况修改方案。

拟征收土地的所有权人、使用权人应当在公告规定期限内,持不动产权属证明材料办理补偿登记。县级以上地方人民政府应当组织有关部门测算并落实有关费用,保证足额到位,与拟征收土地的所有权人、使用权人就补偿、安置等签订协议;个别确实难以达成协议的,应当在申请征收土地时如实说明。

相关前期工作完成后,县级以上地方人民政府方可申请征收土地。

举一反三

法律不允许宅基地上的房屋流转至集体经济组织之外,盖因"房地一体"。将本集体经济组织土地上的房屋卖给集体经济组织之外的其他主体,可能会出现本集体经济组织成员权益受损的后果。但是,法律并未禁止本集体经济组织内部成员间房屋以及宅基地的转让,只不

二、集体土地征收与补偿

过出卖人按照"一户一宅"的规定丧失了宅基地，买受人由于是本集体经济组织成员，所以从整个集体经济组织来看，集体所有的土地并未流转至成员之外，不会损害集体经济组织的利益。故此，在不违反法律的前提下，出卖人见利忘义、妄图撕毁有效协议的行为违反了公序良俗原则与公平诚信原则，是不会受到法律保护的。

71 借名购买农村房屋后被征收，补偿金归谁？

遇事

张某为C村村民，王某为其亲戚，但王某户籍属于城镇户口，并非C村集体经济组织成员。2009年，王某支付张某借名费14万元，让张某代王某购买C村赵某的住宅，房屋建筑面积为130平方米，总共房屋价款为20万元。2009年8月24日，赵某出具收据一份，该收据载明交款单位为张某、事由为购房款。

2010年4月2日，王某与张某签订协议书一份，该协议书载明：王某借用张某名义购买C村赵某的住宅，该住宅的所有权归王某所有，与张某无关；该住宅由王某自行管理和使用。如遇政府或者村委会拆迁，所有拆迁补偿款（包括但不限于建筑物、土地的补偿款）归王某所有。

2015年6月，A市自然资源和规划局发布公告征收两宗地块，案涉房屋在征收范围内。赵某知悉了张某代王某买房的事实，主张拆迁补偿款归自己所有。

说法

借名买房有很多原因，借名买房协议是否有效，要区分具体情况。本案中，为规避国家政策法律的借名买房协议因违背公序良俗而无效。王某不是本集体成员，而是城市居民，没有购买集体土地上房屋的资格，其支付了14万元借名费让张某代其购买案涉房屋，并签订了借名买房协议。这种为了规避法律限制而签订的借名买房协议应当被认定为无效协议。本案中，最终应由原房屋权利人赵某签署征收补偿协议，同时赵某收取的王某的购房款及其利息应当返还给王某。

🔍 找法

《中华人民共和国民法典》

第一百二十二条 因他人没有法律根据，取得不当利益，受损失的人有权请求其返还不当利益。

第一百五十三条 违反法律、行政法规的强制性规定的民事法律行为无效。但是，该强制性规定不导致该民事法律行为无效的除外。

违背公序良俗的民事法律行为无效。

第一百五十七条 民事法律行为无效、被撤销或者确定不发生效力后，行为人因该行为取得的财产，应当予以返还；不能返还或者没有必要返还的，应当折价补偿。有过错的一方应当赔偿对方由此所受到的损失；各方都有过错的，应当各自承担相应的责任。法律另有规定的，依照其规定。

第九百八十五条 得利人没有法律根据取得不当利益的，受损失的人可以请求得利人返还取得的利益，但是有下列情形之一的除外：

（一）为履行道德义务进行的给付；

（二）债务到期之前的清偿；

（三）明知无给付义务而进行的债务清偿。

举一反三

实践中，并不是所有借名买房协议都是无效的，不违背国家政策、公序良俗的借名买房协议，只要符合法律要求，就是有效的；但是违背国家政策、公序良俗的借名买房协议是无效的，借名人或者实际出资人不能依据这种协议获得房屋的实际权属，当然也不能获得该房屋的征收补偿金。对于借名购买农村宅基地或者住宅的行为，法律是不允许的，购买行为会被认定无效。

图书在版编目(CIP)数据

房屋拆迁、补偿、安置纠纷一站式法律指引 / 落志筠，魏德顺，童晓文编著 .—北京：中国法制出版社，2023.12

（遇事找法 / 张润主编）

ISBN 978-7-5216-3717-5

Ⅰ.①房… Ⅱ.①落… ②魏… ③童… Ⅲ.①房屋拆迁—民事纠纷—案例—中国 Ⅳ.①D922.181.5

中国国家版本馆CIP数据核字（2023）第247693号

策划编辑：潘环环
责任编辑：潘环环　　　　　　　　　　　　封面设计：周黎明

房屋拆迁、补偿、安置纠纷一站式法律指引
FANGWU CHAIQIAN、BUCHANG、ANZHI JIUFEN YIZHANSHI FALÜ ZHIYIN

主编 / 张　润
编著 / 落志筠　魏德顺　童晓文
经销 / 新华书店
印刷 / 河北华商印刷有限公司
开本 / 710毫米×1000毫米　16开　　　　印张 / 14　字数 / 203千
版次 / 2023年12月第1版　　　　　　　　2023年12月第1次印刷

中国法制出版社出版
书号 ISBN 978-7-5216-3717-5　　　　　　　　定价：48.00元

北京市西城区西便门西里甲16号西便门办公区
邮政编码：100053　　　　　　　　　　　　传真：010-63141600
网址：http://www.zgfzs.com　　　　　　　　编辑部电话：010-63141813
市场营销部电话：010-63141612　　　　　　印务部电话：010-63141606
（如有印装质量问题，请与本社印务部联系。）